Cartas e Crônicas

Cartas e Crônicas
Leitura Jornalística

Prepared by
Elisabeth P. Smith
Philip H. Smith, Jr.
University of Waterloo

Comprehension Exercises by
Laura Zamarin
Georgetown University

Georgetown University Press, Washington, D.C. 20057

The authors typed, edited, and formatted this book on an IBM PS/2 micro computer using the XyWrite III Plus word processor. They used XyWrite and Kedit
macros to create the vocabularies and union glossary. Finally they produced
camera-ready pages in the Times fonts on an Apple LaserWriter II.

Library of Congress Cataloging-in-Publication Data

Cartas e crônicas : leitura jornalística / prepared by Elisabeth P.
    Smith, Philip H. Smith, Jr. ; comprehension exercises by Laura
    Zamarin.
        p.   cm.
    ISBN 0-87840-231-4
    1. Portuguese language--Readers--Brazilian newspapers--Sections,
columns, etc. 2. Portuguese language--Readers--Brazilian
newspapers--Sections, columns, etc.--Letters to the editor.
3. Portuguese language--Readers--Brazilian newspapers--Language.
4. Brazilian newspapers--Sections, columns, etc. 5. Brazilian
newspapers--Sections, columns, etc.--Letters to the editor.
6. Brazilian newspapers--Language.   I. Smith, Elisabeth P.
II. Smith, Philip H.
PC5448.C37   1990
469.86'421--dc20   89-49422
                                                           CIP

Aos queridos amigos Vera e Ricardo.

Contents

Contents

Introduction

The material in this reader was gathered from newspapers during a trip to several regions of Brazil. We found the journalistic language interesting because it lies somewhere between literary language and everyday speech. Some of the selections in this book are quotations of conversation, while others are extremely scholarly in tone. Many of the authors of the signed articles have published other works, while other items either are anonymous or consist of letters to the editor from ordinary people. Letters to the editor are marked with the word *Carta* on the title line, where the author's name appears for signed articles. The "titles" of the letters are the headings given by the newspaper editors.

In general we have retained the punctuation, type faces, capitalization, etc., found in the original articles and letters. We have made an occasional silent emendation, usually when we found what we were absolutely certain was a typographical error. However, we have left a number of aberrant features, which may be of interest to the reader; these have generally been signaled in footnotes. Ellipsis points in all cases represent the newspaper's deletion of material.

We believe that the language textbook is more useful if the student spends a minimum of time thumbing through dictionaries and word-lists; hence the vocabularies accompanying the individual items are essentially complete. From these vocabularies we have, in the interest of saving space, omitted only the "obvious cognates", of which there are many. But even these cognates are presented in the glossary, which contains all but the familiar function words.

Comprehension exercises are provided for each item.

We wish to thank Vera Vicente, Ricardo Dahab, Ana Maria Seara, and Suzanne Mitchell for their valuable help; the newspapers and writers who gave us permission to use these articles; and Georgetown University Press. And we wish to acknowledge use of the following resources:

Aliandro, Hygino. *The Portuguese-English Pocket Dictionary.* New York: Pocket Books, 1967.

Barbosa, Osmar. *Dicionário de Verbos da Língua Portuguesa.* Rio de Janeiro: Edições de Ouro, n.d.

Chamberlain, Bobby J., and Ronald M. Harmon. *A Dictionary of Informal Brazilian Portuguese.* Washington, D.C.: Georgetown University Press, 1983.

Costa, J. Almeida, and A. Sampaio e Melo. *Dicionário da Língua Portuguesa.* Lisboa: Emp. Lit. Fluminense, Lda., 1977.

Coutinho, Afrânio. *An Introduction to Literature in Brazil.* Translated from the Portuguese by Gregory Rabassa. New York: Columbia University Press, 1969.

Cunha, Antônio Geraldo da. *Dicionário Etimológico Nova Fronteira da Língua Portuguesa.* Rio de Janeiro: Editora Nova Fronteira, 1982.

Dicionário de Geografia do Brasil com Terminologia Geográfica. São Paulo: Edições Melhoramentos, 1973.

Dicionário de Português-Inglês. Coimbra: Livraria Arnado, Lda., n.d.

Houaiss, Antônio, and Catherine B. Avery. *New Appleton-Century Dictionary of the English and Portuguese Languages.* New York: Appleton-Century-Crofts, 1964.

Hower, Alfred, and Richard A. Preto-Rodas, eds. *Crônicas Brasileiras.* Gainesville: Center for Latin American Studies, University of Florida, 1971.

Hulet, Claude L. *Brazilian Literature.* Vol. 3, *1920-1960, Modernism.* Washington, D.C.: Georgetown University Press, 1975.

King, Larry D., and Margarita Suñer. *Para a Frente! An Intermediate Course in Portuguese.* Los Angeles: The Cabrilho Press, 1981.

Levine, Robert M. *Historical Dictionary of Brazil.* Metuchen, N.J.: Scarecrow Press, 1979.

Nitti, John J. *201 Portuguese Verbs.* Woodbury, N.Y.: Barron's Educational Series, 1974.

Novo Dicionário da Língua Portuguesa. Rio de Janeiro: Editora Nova Fronteira, 1975.

Nôvo Michaelis. Vol. 2, Português-Inglês. São Paulo: Edições Melhormentos, 1968.

Silva, Antônio de Morais. *Grande Dicionário da Língua Portuguesa.* 12 vols. 10th ed. Lisbon: Conluência, 1949-1959.

Taylor, James L. *A Portuguese-English Dictionary.* Stanford: Stanford University Press, 1970.

Thomas, Earl W. *A Grammar of Spoken Brazilian Portuguese.* Nashville: Vanderbilt University Press, 1974.

Elisabeth P. Smith
Philip H. Smith, Jr.
October 1989

1 / Baleias reaparecem em São Conrado *Unsigned*

 Uma baleia e seu filhote, talvez os mesmos que apareceram no início do mês nas praias da Zona Sul do Rio, nadaram durante toda a tarde de ontem na Praia do Pepino, em São Conrado. Acompanharam o passeio de mãe e filho, algumas gaivotas, um cardume de golfinhos e dezenas de pessoas, que engarrafaram o trânsito na Avenida Niemeyer,[1] além de dois surfistas e um ultraleve.

O piloto do ultraleve, Sérgio Luis Filzen, disse que voou durante meia hora "quase do lado dela" e garantiu que a baleia não tem nenhum ferimento: "Ela **tá** bem, **cara**, e **tava**[2] com um garotão do lado, lindo!". O surfista, Francisco Bruno, que também chegou perto, contou que o "garotão" estava sendo amamentado. Segundo ele, a mamãe baleia se virava de lado, agitando as duas barbatanas para o filhote mamar.

Curiosidade. Era mais ou menos meio-dia quando mãe e filho apareceram perto das pedras, no final da Praia do Pepino, onde descem as asas deltas. Não a assustaram ninguém, pois para a maioria dos freqüentadores da praia as baleias já eram conhecidas. Eles acham que são as mesmas que nadaram de lá até Copacabana, no início deste mês. Segundo um vendedor de sanduiche natural, um outro surfista, "O Gaúcho foi lá perto como fez da outra vez em que elas estiveram por aqui".

Para lá e para cá, mostrando as barbatanas, a cabeça ou a cauda, as baleias nadaram ao longo[3] da Avenida Niemeyer. Algumas gaivotas indicavam sua localização e os golfinhos, pulando aqui e ali, no mar meio agitado, por vezes confundiam os admiradores das baleias. Esses admiradores eram os motoristas que passavam pela Niemeyer e sem qualquer constrangimento ou preocupação paravam os carros engarrafando o trânsito.

Só quando a mamãe baleia resolveu deixar, com seu filhote, as proximidades da Niemeyer—e já passava das 16 horas—é que o trânsito melhorou e o espetáculo ficou perfeito. As baleias escolheram como palco para suas

---

[1] It is interesting that the writer commented on the traffic jam caused by the appearance of the whales, because the normal condition of traffic in Rio is a perpetual traffic jam.

[2] The *Jornal do Brasil* here uses bold face for these forms generally found only in the spoken language.

[3] **ao longo** along.

exibições, a praia em frente ao Hotel Nacional, a uma distância que não ultrapassava 50 metros da arrebentação.

Cauda, cabeças, dorsos e barbatanas agitavam-se no ar e mergulhavam no mar em movimentos leves, como num balet aquático em câmara lenta. No calçadão em frente ao hotel, debruçados na grade que separa a calçada da praia, dezenas de pessoas admiravam as brincadeiras de mãe e filho. Muitos de binóculos e de máquinas fotográficas.

Às 17 horas, as baleias foram embora. Depois de ficarem alguns minutos sem aparecer na superfície, elas foram nadando em direção a Barra da Tijuca, cada vez mais longe da praia.

Nenhum especialista apareceu para falar sobre as características das baleias, causas e conseqüências do seu aparecimento. Mas para quem as viu, não há dúvida: elas são as mesmas que nadaram por essas praias no início do mês. Resta saber do que gostaram tanto, e por onde andaram esses dias em que estiveram desaparecidas. Afinal, por que elas ainda não foram para o Nordeste, onde, segundo os especialistas, é o seu destino?

Primeira aparição. As baleias apareceram pela primeira vez no dia 31 de julho, ao anoitecer, na Barra da Tijuca. No dia seguinte fizeram algumas aparições, mas foi no dia dois deste mês que as baleias Francas, como foram identificadas, concentraram a atenção de centenas de pessoas, na praia de Copacabana. Fazia muito frio e o mar estava agitado, com cabeça-d'água. No dia quatro, já não se tinha mais notícias das baleias.

[*Jornal do Brasil*, Rio de Janeiro, 16 de agosto 1983]

Vocabulary

amamentar *v.* nurse, suckle

anoitecer *v.* become night

arrebentação *f.* surf, breaking waves

asa *f.* wing

assustar *v.* frighten, startle

baleia *f.* whale

barbatana *f.* flipper

brincadeira *f.* fun, play

cabeça-d'água *f.* high surf

calçada *f.* pavement, sidewalk

calçadão *m.* broad sidewalk (especially in Rio, often of elaborate mosaic)

câmara lenta *f.* slow motion

cara *m.* guy, character, someone

cardume *m.* school (of fish)

cauda *f.* tail

concentrar *v.* unite, concentrate

confundir *v.* bewilder, perplex

constrangimento *m.* constraint, embarrassment

debruçar *v.* double up, bend over

delta *f.* delta(-wing plane)

descer *v.* land

destino *m.* fate, destiny, purpose

dezena *f.* "dozen", a group of ten

dorso *m.* back

embora *adv.* away; *conj.* although; **ir embora** go away;

engarrafar *v.* create a bottleneck in traffic

escolher *v.* choose

ferimento *m.* wound
filhote *m.* baby, child
freqüentador *m.* visitor, watcher
gaivota *f.* gull
garantir *v.* confirm, certify
gaúcho *adj.* a nickname for the whale
golfinho *m.* dolphin
grade *f.* railing
longe *adv.* far
mamãe *f.* mother, mommy
mamar *v.* nurse, suckle
melhorar *v.* improve

mergulhar *v.* dive
palco *m.* stage
passeio *m.* outing, stroll
pular *v.* leap
restar *v.* remain
segundo *prep.* according to
superfície *f.* surface
surfista *f. and m.* surfer
tá spoken form of está
tava spoken form of estava
ultraleve *m.* ultralight airplane
ultrapassar *v.* exceed

2 / Língua inglesa *Carta*

Depois de afirmar que o advérbio latino **inclusive**, amplamente usado em português, é uma palavra **horrorosa**, o leitor do JB Ajuricaba Nery, em carta publicada no dia 13/6/83, opina que o inglês é um idioma **fluido**, impossível de ser entendido mutuamente por um policial londrino e um lenhador americano. Diz, ainda, que a gramática inglesa é rigorosa, mas ninguém a segue e que é comum usar-se em inglês a expressão "I am arriving yesterday from...", podendo o futuro verbo ser reforçado com o auxiliar **to do**, tal como na frase "I do will go." Acrescenta o leitor que **en, in** e **un** parecem soar de modo igual e que o idioma inglês é **fosco** e **plebeu**, tratando-se de uma língua destinada a **businessmen**. Comparando **know how** com **savoir faire** e achando que as duas expressões **a preceito**[1] não se correspondem, manifesta dúvidas de que o inglês seja falado nos meios cultos,[2] declarando que quem gosta desse idioma deve ser amante de **rock 'n' roll**.

Termina o leitor garantindo[3] que o Brasil era mais culto ao tempo em que aqui se preferia o francês. Nós abaixo assinados vimos por meio desta[4] protestar energicamente contra as maluquices de Ajuricaba: William Shakespeare, John Milton, Charles Robert Darwin, Percy Bysshe Shelley, Henry Longfellow,

---

[1] **a preceito** according to the rules.

[2] **meios cultos** educated circles.

[3] Note the similarity of meaning of 'warrant' and 'guarantee'; also their (ultimately) identical English etymology.

[4] **por meio desta [carta]** by means of this [letter].

Francis Bacon, Mark Twain (Samuel Langhorne Clemens), Edgar Allan Poe, Ralph Waldo Emerson, William James, Isaac Newton, Robert Browning e Elizabeth Barrett Browning, Ernest Miller Hemingway, Walt Whitman, Benjamin Franklin...

[signed] Heribaldo Rosa—Rio de Janeiro

As cartas serão selecionadas para publicação no todo ou em parte entre as que tiverem assinatura, nome completo e legível e endereço que permita confirmação prévia.

[*Jornal do Brasil*, Rio de Janeiro, 11 de agosto 1983]

Vocabulary

afirmar *v.* state, warrant
amante *f. and m.* lover
amplo *adj.* extensive
assinar *v.* sign, subscribe
auxiliar *m.* auxiliary, auxiliary verb
comum *adj.* common, ordinary, usual, general
culto *adj.* educated, cultivated, refined, learnèd, civilized
destinar *v.* destine, consign, apply, dedicate
enérgico *adj.* energetic, active
fosco *adj.* dim
garantir *v.* state, assert
gramática *f.* grammar

horroroso *adj.* horrible
idioma *m.* language
leitor *m.* reader
lenhador *m.* woodcutter, forester
londrino *m.* Londoner
maluquice *f.* madness, foolishness, caprice
mútuo *adj.* mutual, reciprocal
plebeu *adj.* plebeian, vulgar
reforçar *v.* reinforce
savoir faire *(Frn.)* know-how, social graces
soar *v.* sound
tratar-se de *v.* deal with, concern, be about
verbo *m.* verb, word

3 / "Língua do mundo"

José Lourenço de Lima

Rematei o artigo anterior com uma frase altamente significativa de Marouzeau:[1] "Latin langue de Rome, Latin langue du monde" para, com essa universalidade dizer que é, realmente, uma piada a tal "língua de branco" do preto famoso que, assim, a denominava. O professor negro do Ginásio Pernambucano que aterrorizava os meninos brancos, entre os quais o Dr. Benjamin Pacheco, aqui referido, e veículo do que chamou—chamávamos—piada. Se houvesse dito "língua séria", cheia de

---

[1] Jules Marouzeau (1878-1964), French linguist.

"sutilezas", até mesmo, repetindo Poincaré[2] "matemática das línguas" pela sua admirável precisão na riqueza não menos admirável de seus variadíssimos recursos de expressão, que a tornavam tão rica quanto o grego, tudo isso teria cabimento.

Quem **estudou** latim é que pode[3] atestar a sua incomensurável riqueza vocabular e, com isso, seus inesgotáveis recursos estilísticos. Sua maleabilidade. Sua harmonia. Falei em **estudar**, isto é, a ele devotar-se, um dos sinônimos do verbo tão mal vivido em nossos dias, tão férteis no "passar a vista" e quase nada sério na meditação e reflexão atentas às páginas que fixam as mensagens. Daí, esse anêmico "mais ou menos", inimigo sorrateiro e pertinaz da cultura. Um povo de "mais ou menos" redundará, amanhã, num povo "do nada" ou quase isso.

Jamais se aprenderá (apreenderá[4]) o latim com esse tipo de falso estudo. Falei que as dificuldades inerentes a essa língua de escola, pela alta cultura a que serviu, está nas suas estruturas morfosintáticas, sem omissão[5] para as singularidades estilísticas privativas de cada autor.

Estruturas morfológicas: as suas famosas e temidas declinações nominais e riqueza de suas flexões verbais. **Hoc opus**—aqui[6] o trabalho, o nó primeiro da série de outros nós[7] que desafiarão o estudante, usuário de uma língua prioritariamente analítica, como o português, onde não contamos com declinações. É singular observar que nos comportamos, em face do latim, como, por exemplo, os anglo-americanos, em face do português (não me agrada o "face ao" português, que outros, decerto, usariam aqui) atordoados com a complexidade das nossas flexões nominais e verbais. Herdamo-la do latim, melhor: continuamos, **reduzidas**, as flexões latinas.

Somos familiares a gênero, número e grau na variedade de suas flexões. Quanto à pretensa novidade da declinação, esta não desapareceu de todo: há uns resquícios na classe dos pronomes pessoais, na qual o pronome varia de forma, de acordo com a função sintática. Isto é declinação autêntica; flexionar o nome segundo a função no contexto sintático. Todas as línguas românicas mantêm essa característica. Houve redução de todos os matizes. Restou esse cordão

---

[2] Jules Henri Poincaré (1854-1912), French mathematician and physicist.

[3] Whoever studied Latin is able to....

[4] Here the purist writes an older form of the verb.

[5] **sem omissão** not to mention.

[6] The writer apparently confuses Latin **hoc** with **hic**.

[7] Note the two kinds of **nós**: (1) plural of **nó** 'knot'; (2) first-person plural pronoun, subject and emphatic form, 'we'. And the two kinds of **nos**: (1) 'in the' (m. pl.), contraction of **em** and **os**; (2) the unstressed object forms of the first-person plural pronoun, 'us'.

umbilical, resistente às tentativas de todas as tesouras e incisões através dos séculos.

As declinações dos substantivos, adjetivos e pronomes, quando bem-entendida, não deve apavorar o neolatino. É um testemunho de como "a língua-mãe" era extremamente rica. Seu empobrecimento, isto é, a troca desses aspectos[8] sintéticos pelos analíticos das línguas românicas, se deveu primacialmente a usuários das mais variadas procedências e à necessidade de mais rápida comunicação que o tradicional sintetismo irrecusavelmente impediria.

Esses confrontos, espero fazê-los no curso a ser anunciado oficialmente pela Academia Pernambucana de Letras e, pelo que se pode deduzir, privativo de quem possua alguns conhecimentos do sistema de declinações e conjugações. É curioso observar que as declinações continuam em certas formas verbais, as chamadas formas verbo-nominais. Recordem-se o particípio presente, o gerúndio, o gerundivo, o supino e o particípio futuro.

Evidentemente, o primeiro trabalho para domínio da riqueza flexional das declinações, a sua retenção, cabe à memória, faculdade que abre caminho para qualquer tipo de aprendizagem, até para fixar nomes de pessoas e das coisas ambientais. Com tal importância, tenho para mim que é meio deponente chamá-la—a memória—de "ancilla intelligentiae"—escrava da inteligência. Preferiria traduzir o "ancilla" por "particeps", "sodalis", "comes"—participante, companheira da inteligência. Bem que melhoraria o "status"...

Se a declinação envolve um aspecto sintático, função do nome na frase, conclui-se que sem **um mínimo** de conhecimentos da análise sintática, não é possível aceitar-se o espírito das declinações latinas ou de qualquer língua indo-européia que as conserve: alemão, russo, grego, persa, etc. O inglês não conta; é extremamente rebelde nesse sentido. Espécie de filho pródigo na imensa família indo-européia, fundamentalmente flexional. Dá-nos a idéia, o inglês, de uma língua construída com justaposições e avessa a flexões.

Ressalta-se que tornar aos estudos latinos, hoje, não é um luxo, nem tarefa de desocupados; bem ao contrário, é ambição de quem pretenda conhecer melhor o porquê da riqueza estonteante da língua portuguesa. Ninguém de bom senso pensará em falar ou escrever o latim que estude hoje. Não teria ambiente. Para preveni-lo, existe a advertência oportuna de Marouzeau: "se nos resta, ainda, o bom latim dos textos clássicos, por que fabricar um mal latim na França?" Nunca, porém, afirmou que isso dispensaria o estudo do latim. Por que o chamaria "de língua imortal, de língua do mundo"? Por que e para quê?

[*Diário de Pernambuco*, Recife, 4 de agosto 1983]

---

[8] Note the puristic c in **aspectos**; Brazilian Portuguese tends to omit c before t.

Vocabulary

aceitar *v.* accept, agree with

acordo *m.* agreement

advertência *f.* remark, caution, warning

agradar *v.* please

alemão *adj.* German

ambiental *adj.* pertaining to one's circumstances, environmental

ambiente *m.* circumstances, environment

análise *f.* analysis

ancilla *(Lat.)* handmaiden, servant

anterior *adj.* previous, prior

apavorar *v.* frighten

aprendizagem *f.* knowledge, learning

atento *adj.* careful, observant

aterrorizar *v.* terrify

atordoar *v.* confuse, bewilder

avesso *adj.* opposed to, opposite, averse

bem que *adv.* indeed

caber *v.* fit, be contained in

cabimento *m.* relevance, pertinence, suitability

comes *(Lat.)* companion

comportar-se *v.* behave

confronto *m.* comparison, parallel

conhecimento *m.* knowledge

conservar *v.* preserve

cordão *m.* cord, thread

daí *conj.* hence, thence

decerto *adv.* certainly

declinação *f.* declension, decline

denominar *v.* name, call

deponente *adj.* deprecatory, putting-down

desafiar *v.* challenge, tempt

desocupado *m.* unemployed person

dispensar *v.* dispense with, leave out

domínio *m.* power, rule

du *(Frn.)* of the

empobrecimento *m.* impoverishment

envolver *v.* involve

escol *m.* choice, elite

escravo *m.* slave

espécie *f.* kind, sort

estonteante *adj.* stunning

fabricar *v.* make

fixar *v.* fix, fasten, make firm

flexão *f.* inflection

flexional *adj.* inflectional

flexionar *v.* inflect

gerúndio *m.* gerund

gerundivo *m.* gerundive

ginásio *m.* secondary school

grau *m.* degree (in this case, of adjectives)

grego *adj.* Greek

herdar *v.* inherit

incomensurável *adj.* vast, immense

indo-européia *adj.* Indo-European

inerente *adj.* inherent

inesgotável *adj.* inexhaustible, copious

intelligentiae *(Lat.)* of intelligence

irrecusável *adj.* undeniable, unobjectionable

langue *(Frn.)* language

letras *f. pl.* letters, arts

língua-mãe *f.* mother-tongue

luxo *m.* luxury

mal *adv.* poorly

maleabilidade *f.* flexibility

matiz *m.* shading, gradation

meio *adv.* halfway, somewhat

melhorar *v.* improve

monde *(Frn.)* world

morfológico *adj.* morphological

morfosintático *adj.* morphosyntactic

neolatino *m.* speaker of a Romance language

nó *m.* knot, node

nominal *adj.* pertaining to a noun

novidade *f.* novelty, newness

onde *adv.* where; *pron.* in which

oportuno *adj.* timely

opus *(Lat.)* work

ou *conj.* or, either

particeps *(Lat.)* companion

participante *m.* companion

particípio *m.* participle

passar a vista *v.* glance (at)

pernambucano *adj.* pertaining to the state of Pernambuco

persa *indecl. adj.* Persian

pertinaz *adj.* persistent

piada *f.* joke, jest

porquê *m.* reason, cause

pretender *v.* intend

pretenso *adj.* alleged, presumed

prevenir *v.* prevent

primacial *adj.* primary

prioritariamente *adv.* primarily

privativo *adj.* individual, private

procedência *f.* origin

pródigo *adj.* prodigal

rebelde *adj.* stubborn, resistant, unruly

recordar *v.* recall, commemorate

recurso *m.* resource

redundar *v.* change into

rematar *v.* complete, conclude

resquício *m.* vestige, remnant

ressaltar *v.* emphasize

restar *v.* remain, survive

riqueza *f.* richness, wealth

românico *adj.* romance

singular *adj.* remarkable

singularidade *f.* peculiarity

sintático *adj.* syntactic

sintético *adj.* synthetic

sintetismo *m.* synthetic nature (of a language)

sodalis *(Lat.)* companion

sorrateiro *adj.* tricky, sly, sneaky

substantivo *m.* noun

supino *m.* supine (gram.)

tarefa *f.* work, duty

temido *adj.* frightening

tentativa *f.* effort, temptation

ter para si *v.* be convinced

tesoura *f.* scissor

testemunho *m.* testimony, witness

troca *f.* exchange, change

usuário *m.* user

verbo *m.* verb, word

verbo-nominal *adj.* pertaining to nominalized verbs (including participles)

vista *f.* sight

4 / Grafias   *Flávio Rangel*

Hoje vou botar a correspondência em dia.

Luís Guardia, Mogi Mirim (SP), me envia exemplares de sua arte postal[1] e me avisa que é Luís com "s" e não com "z", enviando junto xerox do "Dicionário de Questões Vernáculas" de Napoleão Mendes de Oliveira: "Luís" com "s" é a grafia correta deste nome de origem alemã: veio-nos pelo francês "Louis". Mas é que a revisão de um jornal tem

---

[1] He refers here ironically to the writer's letter as "postal art".

razões que a própria razão desconhece,[2] Luís"—escrevi no último "os prezados leitores". Por causa disso, recebi uma carta da Rapt—Revisores Anônimos de Poderoso Rotativo, me avisando "que é norma deste jornal a alteração de todos os nomes cuja grafia esteja incorreta gramaticalmente, inclusive Luís". Também que Mogi Mirim deve ser grafada com "j", pois é de origem indígena. E explica, em último lugar, que o dicionário em questão é de Napoleão Mendes de Almeida, e não de Oliveira, "erro crasso, que só não foi publicado devido à nossa atuação". A carta termina dizendo: "Assim, caro Flávio, a revisão de um jornal tem razões suficientes que somente[3] quem as desconhece não lhe dará razão."

Vejam vocês.

Desde que comecei a escrever neste poderoso rotativo, já foram publicadas mais de oitocentas crônicas minhas; em nenhuma delas fiz nenhum comentário à revisão. Os jornalistas variam em suas posições a respeito do assunto. Newton de Almeida Rodrigues, por exemplo (aliás, a norma pede Newton ou Nilton?)[4], tem o costume de colocar ao pé de sua coluna as correções que julga necessárias serem feitas a seus artigos que saem com erros. Sérgio Augusto, há algumas semanas, escreveu uma brilhante e divertidíssima matéria contando os erros de que foi vítima da revisão. E Paulo Francis, citando Otto Lara Rezende, declarou-se certa vez contrário à pena de morte, abrindo uma exceção à laboriosa classe dos revisores. Mas num momento mais calmo, o fero colunista me disse uma vez que esse é um problema sem solução; e me deu o exemplo da revista "Time", que passa por catorze revisões, e assim mesmo deixa calvos os articulistas, de tanto que eles arrancam os cabelos. Quando eu era menino, li uma manchete famosa na "A Gazeta Esportiva", que retirou o "v" do último nome de Paulo Machado de Carvalho. Não ficou muito bonito.

Não costumo reclamar dos revisores porque eles são nossos colegas—e como todo mundo que trabalha num jornal tem horários rígidos a cumprir, compromissos com o fechamento das edições que nos obrigam a todos a trabalhar de olho no relógio, contando os minutos, um erro aqui e ali é perfeitamente possível—. Outro dia mesmo, escrevi sobre Maria Antonieta e Luís 16. Saiu Luís 14. Não sei mais se o erro crasso foi meu ou da revisão que não o corrigiu. Aliás, escrevo sempre 16 com um "X" um "V" e um "I". Acho mais engraçadinho.[5] Mas a revisão sempre bota 16. Não há nada a fazer.

---

[2] The author is paraphrasing a line from the *Pensées* of Blaise Pascal (1623-62): "The heart has its reasons which reason cannot know."

[3] **Somente** was traditionally written with a grave on the o, but, since the spelling reform of 1971, this is the standard spelling. An old form can be seen in item 28, page 58.

[4] The two names would, in Brazilian Portuguese, have the same pronunciation.

[5] Note the use of the **-inho** diminutive suffix here (and in **bonitinho** below). In both cases it reinforces the meaning of the underlying adjective.

No caso específico, o leitor se referiu a Napoleão Mendes de Oliveira. Quando menino, estudei uma gramática do Almeida, mas ninguém me garante que não exista um Napoleão Mendes de Oliveira; este país está cheio de gramáticos. Publiquei o que o leitor escreveu. Seja quem for o autor[6], defende o Luís "com s"; contra a opinião de outros eruditos que acham mais bonitinho com "z". Há controvérsias, na gramática, na física, na escultura e na vida em geral. O Estado da Bahia, por exemplo, conservou seu "h". Minha mãe nasceu Hercília com "h", que depois lhe foi devidamente cassado. Senhora de acentuado espírito filosófico, resignou-se; mas os baianos se encresparam e mantiveram seu "h".

"O que há num nome? Se a rosa não se chamasse rosa, seria menos perfumosa?", pergunta Shakespeare em "Romeu e Julieta". Mas o caso é que o nome de cada um é sua propriedade pessoal; e numa época em que qualquer individualidade se descaracteriza, ninguém deveria aceitar as decisões de academias de letras que os modificam sem consulta prévia. Se se deseja ser Suely com "y", Adolpho com "ph" ou Octávio com "c", o problema é de cada um; gramáticos ou fazedores de regras e normas não têm nada com isso. A grafia do nome de cada um é problema pessoal e tem que ver até com democracia. William Saroyan dizia que "só existe uma regra para se escrever: não há regras".

Tinha toda razão.

[*Folha de São Paulo*, 10 de agosto 1983]

Vocabulary

academia *f.* academy, society of learned men
acentuar *v.* emphasize, pronounce
alemão *adj.* German
arrancar *v.* tear, extract, pull violently
articulista *f. and m.* writer of articles
atuação *f.* intervention
baiano *adj.* pertaining to the state of Bahia
botar *v.* put, place, come out
calvo *adj.* bare, bald
caralho *m.* penis
cassar *v.* annul, cancel, repeal, revoke
certa vez *adv.* once (upon a time)
compromisso *m.* commitment, engagement

conservar *v.* preserve
costumar *v.* accustom, be accustomed to, have the habit of
costume *m.* custom, habit, usage
crasso *adj.* crass, thick, gross
descaracterizar *v.* deprive of characteristics, make commonplace
desconhecer *v.* ignore, be ignorant of, disown, dissemble
divertido *adj.* amusing, funny
encrespar *v.* get angry, bristle
engraçado *adj.* graceful, amusing, funny
erudito *adj.* learned, scholarly
escultura *f.* sculpture

---

[6] "Whoever the author was (might have been)".

esportivo *adj.* sporting, pertaining to sports

exceção *f.* exception

exemplar *m.* example, sample, model, pattern

explicar *v.* explain

fazedor *m.* maker

fechamento *m.* closing, shutting

fero *adj.* savage, furious, indomitable, coarse, severe, strong

física *f.* physics

grafar *v.* spell

grafia *f.* spelling. writing style, orthography

gramática *f.* grammar, grammar book

gramático *m.* grammarian

horário *m.* timetable, schedule

julgar *v.* judge

leitor *m.* reader

manchete *f.* article, headline

obrigar *v.* oblige, compel

origem *f.* origin, source, family

pena *f.* pain, punishment, price

pessoal *adj.* personal; *m.* personnel

poderoso *adj.* powerful, rich, excellent

prezar *v.* esteem

propriedade *f.* property

reclamar *v.* oppose, complain about, appeal, reclaim, protest

retirar *v.* take away, remove, recant

revisor *m.* proofreader

rotativo *adj.* revolving, rotary

vernáculo *adj.* vernacular, native, regional, national, pure

vítima *f.* victim

5 / Moda e linguagem

Paulo do Couto Malta

Recebo opúsculo, fartamente ilustrado, sobre lançamentos de camisas, blusas, sungas e bermudas para moças e rapazes, em diferentes padrões, com especificações de tamanho, qualidade e preço. Todas essas tentações da temporada "veraniega" deste ano da Graça leva o nome de **Moda em longa-metragem.**[1] Noutros títulos há coisas deste tope: "Troque de roupa. Vista-se de (?)[2] moda", com variações na mesma pisada: "Deslumbre-se com nossa passarela de sugestões"—"Vista-se diante deste espelho de vantagens".

Calça jeans délavé (?), destinada talvez a escalada de montanhas, tem o nome de alpinista; logo abaixo do alpinista aparece o **stretch** um tecido que brilha e estica; mas, além disso, a cor no dito **stretch** "fica meio metálica". O leitor em dia[3] com as conquistas da moda de verão está convidado a comprar uma camisa incrementada (?!), cheia de bossa; outra apresenta um corte raglã (?)

---

[1] **filme de longa-metragem** feature-length movie.

[2] The question marks throughout this article are the author's, as is the use of bold-face for some English words.

[3] **em dia** up-to-date.

o homem que sabia javanês.

e "listras bem jogadas".[4] Mais adiante aparece o **look** do verão. O **look** além de prático e dinâmico combina tonalidades elétricas, isto mesmo[5]: vermelho/branco com azul elétrico e ainda azul/elétrico com vermelho/branco marinho.

Não há dúvida que toda essa parafernália de nomes, habituais a costureiros e comerciantes, não permitem ao jejuno entender patavina. Afere-se que o nome importado impressiona melhor a sensibilidade auditiva e visual do comprador patacudo, enganjento de **status,** divisor de classes, posturas e gostos.

De qualquer forma, o recebimento do opúsculo serviu aos parentes mais jovens, que o acharam bacanérrimo,[6] um estouro! Alguns deles, de imediato[7] pelas vias do reembolso postal, fizeram suas encomendas.

Por se encontrar o verão à porta, esperam eles comparecer às praias, às piscinas e a convescotes rigorosamente em dia com as exigências em voga de padrões e cortes ou, mais apropriadamente, nos trinques,[8] **up-to-date.**

A linguagem empregada nos folhetos de propaganda pela alta costura deveria estampar, para conhecimentos dos ignorantes, um glossário dos termos empregados, designativos, em português corrente, das denominações de tonalidades, modelos, tecidos, etc., para avaliação de quantos, por fora do riscado,[9] não entendem bulhufas de tão arrevesada linguagem.

[*Diário de Pernambuco*, Recife, 4 de agosto 1983]

Vocabulary

adiante *adv.* further on
aferir *v.* gauge, indicate
alpinista *f. and m.* mountaineer
arrevesar *v.* reverse, turn upside down, obscure
avaliação *f.* estimation, consideration
azul/elétrico *adj.* electric blue
bacana *f. and m. adj.* terrific
bermudas *f. pl.* Bermuda shorts
bossa *f.* style, flair
bulhufas, bulufas *f. pl.* nothing, not a word

calça *f.* trouser(s)
comerciante *m.* merchant, businessman
comparecer *v.* be present at, show up
comprador *m.* buyer
conhecimento *m.* information, knowledge
convescote *m.* picnic
costura *f.* sewing, fashion
costureiro *m.* tailor
délavé *(Frn.)* diluted by soaking, washed, stone-washed
denominação *f.* naming

[4] **listras bem jogadas** charming varicolor stripes.
[5] **isto mesmo** for example, to wit.
[6] Irregular superlative of **bacana** great, terrific.
[7] **de imediato** immediately.
[8] **nos trinques** up-to-date.
[9] **por fora do riscado** without understanding of the subject.

designativo *adj.* distinctive
deslumbrar *v.* fascinate, tempt
diante *adv.* before
divisor *m.* divider, divisor
empregar *v.* use, apply
encomenda *f.* order (for goods)
enganjento *adj.* silly, vain
escalada *f.* scaling, climbing
espelho *m.* mirror
estampar *v.* print
esticar *v.* stretch
estouro *m.* surprise, bombshell, really something!
exigência *f.* necessity, demand, requirement
fartamente *adv.* fully
folheto *m.* leaflet
incrementar *v.* jazz up, trim
jejuno *adj.* naive, ignorant
lançamento *m.* launching, appearance
leitor *m.* reader
listra *f.* stripe
marinho *adj.* marine, navy
metragem *f.* length (in meters)
modelo *m.* pattern

opúsculo *m.* pamphlet
padrão *m.* standard, pattern
parente *m.* kinfolk, people
passarela *f.* fashion runway
patacudo *adj.* moneyed, rich, "loaded"
patavina *f.* nothing
pisada *f.* footprint, trace
piscina *f.* swimming pool
postura *f.* position
raglã *adj.* raglan (sleeve)
recebimento *m.* receipt
reembolso *m.* reimbursement, payment
sensibilidade *f.* faculty
sunga *f.* man's bathing suit (very skimpy)
tecido *m.* fabric
temporada *f.* season, period of time
tentação *f.* temptation, enticement
título *m.* heading
tonalidade *f.* color, shade
tope *m.* knot, collision, obstacle, size, kind
trocar *v.* change
vantagem *f.* advantage
veraniego *adj.* summery, summertime

6 / Uma literatura rica

Afrânio Coutinho

Há quatro fenômenos que, no Brasil, se destacam como os mais autênticos e importantes, os mais característicos mesmo, do nosso povo; a música popular, o carnaval, o futebol e a literatura. São as expressões mais legítimas do nosso espírito criador, da nossa criatividade. Ninguém, nem nada nesse mundo consegue destruí-las. Tudo o mais fracassa ou não funciona a contento das[1] exigências e necessidades de uma organização civilizatória. Não possuímos sistema educacional, organização de saúde, estrutura econômica e financeira, administração à altura. Em meio a toda uma desestrutura, aquelas produções surgem soberanas, superando todas as deficiências gerais e dificuldades de vida.

---

[1] **a contento de** to the satisfaction of.

É que elas são partidas da alma popular, como suas manifestações legítimas. Não dependem de nada, senão da alma do povo. E essa é espírito e o espírito floresce onde quer. Elas são o próprio povo falando, expressando-se de maneira autônoma, sem qualquer interferência. Convivem com a inferioridade social, com a desorganização geral, até com a pobreza e a miséria. Basta assistir a um carnaval para ficar convencido disso.

Assim acontece com a literatura. Desde cedo, desde as origens que a alma do povo brasileiro se expressa através da literatura. Um Gregório de Mattos,[2] em pleno século XVII, já falava em nome de uma população nova com a primeira voz de protesto contra os erros da colonização que se impunha no Brasil. O mesmo com o padre António Vieira,[3] um brasileiro apontando com veemência os malefícios que corroíam já então a nossa incipiente ordem social. E assim por diante. A literatura que se produziu no Brasil, em todos os séculos, veio crescendo, na linha de um intenso processo de descolonização e autonomia, que a tornou nitidamente diferenciada da européia, sem embargo de influências diversas, como a portuguesa, a espanhola, a francesa, para falar apenas das principais, pois houve também a italiana e a inglesa, e ainda as clássicas.

E graças a esse esforço, a essa busca de identidade e originalidade, a literatura brasileira cresceu e amadureceu, a ponto de ser hoje uma literatura de fisionomia própria, ligada à realidade nacional, autêntica expressão de nossa alma, de nossa sensibilidade, de nossos costumes, de uma língua exclusivamente nossa, cada vez mais diferenciada da matriz portuguesa.

E mais do que isso. Pela massa da produção, que leva a considerar o povo brasileiro como essencialmente literário, ela é hoje a maior das Américas. Maior em quantidade e em qualidade. Encontram-se grandes figuras literárias em outros países do continente. Dificilmente, porém, do ponto de vista da quantidade de escritores e produção literária, qualquer das outras literaturas não resistirá a uma comparação com a nossa. E além do número, sobressalta ainda a diversidade de tipos, o que resulta, sem dúvida, da riqueza e diversidade da nossa civilização de âmbito continental. Ligada à rugosa realidade, ela se manifesta de maneira tão variada quanto a realidade nacional, social. A literatura do Amazonas é diferente da nordestina e da gaúcha, e a do Centro-Oeste é da surgida[4] nos centros urbanos do Rio de Janeiro e São Paulo, como a praieira[5] do Recôncavo[6] possui suas características próprias. O regionalismo é uma força no Brasil literário, sem que se prejudiquem as numerosas abordagens técnicas.

---

[2] Also sometimes spelled Matos, he was a poet and literary figure.

[3] Vieira (1608-97) was a Jesuit priest and spokesman against enslavement of the Amerindian population.

[4] da [literatura] surgida from [the literature] which arose.

[5] Praieira could refer to the Revolução Praieira, a revolt in Pernambuco in 1848-49.

[6] Recôncavo refers to the fertile coastal region of the state of Bahia.

A literatura brasileira é hoje uma grande literatura, na poesia e na prosa. Adquiriu uma força e uma fisionomia, que a tornam identificável, pois conseguiu formar uma identidade inconfundível. Isto não é atitude ufanista.[7] Precisamos perder o nosso complexo de inferioridade colonial e afirmar com orgulho aquilo que logramos realizar por nós mesmos. Nossos defeitos de civilização não nos devem impedir de ver o que fizemos graças a nós mesmos, até contra as resistências arcaizantes. O processo de descolonização confunde-se com a tendência à modernização, com o esforço de libertar-nos do sistema colonial.

Pois bem, a literatura foi o maior instrumento dessa descolonização e modernização, que corresponde ao processo civilizatório. Abafada em todo o período colonial e mesmo imperial, ela não deixou de viver, marginalizada, subterraneamente, no sentido da conquista da autonomia e da formação de um povo independente, falando uma linguagem nova, com uma sensibilidade nascida aqui, numa região nova, como uma sociedade nova. Não podemos continuar a desconhecer tudo isso, e insistir numa subordinação ao estrangeiro e ao passado. Foi contra tudo isso que nós nos fizemos e a literatura constituiu a expressão legítima desse esforço. Fomos criadores de vida, de uma vida nova, de uma língua nova, e a literatura traduziu isso às mil maravilhas. Reconhecê-lo não é atitude ufanista, antes constatação de uma realidade. E isso pode ser verificado no passado literário, como também no presente, pela qualidade superior de nossa produção literária em todos os gêneros, com obras que são de exclusiva feição brasileira, como *Os Sertões de Euclides da Cunha*,[8] livro inclassificável pelos padrões tradicionais. Que é tudo isso? Que é senão uma literatura de características peculiares, diferente, com identidade própria?

Nosso gênio de povo encontrou expressão máxima na literatura. E disso nos devemos orgulhar.

[*A Tarde*, Salvador, 18 de agosto 1983]

Vocabulary

abafar *v.* suffocate, stifle, hush up	**alma** *f.* soul
abordagem *f.* interaction, approach, collision	**amadurecer** *v.* ripen
	âmbito *m.* circuit, ambit
adquirir *v.* acquire	**apontar** *v.* aim, point out, hint

[7] **Ufanismo** was a 17th-century development in the literature of Brazil, an exaltation of the land as an "earthly paradise", an El Dorado. **Ufanista** is a noun used here as an adjective.

[8] Written by Euclides da Cunha (1866-1909), it is still a significant book on Brazilian culture and identity.

arcaizante *adj.* archaizing, archaic, old-fashioned

através *adv.* and *prep.* through

autônomo *adj.* autonomous

busca *f.* search, quest, examination

Centro-Oeste *m.* part of Brazil, encompassing Mato Grosso, Mato Grosso do Sul, and Goiás

civilizatório *adj.* civilizing

clássicas *f. pl.* the Classics

confundir *v.* mix up, confuse

constatação *f.* determination, specification, proof, certification

constituir *v.* constitute, appoint, establish

convencer *v.* convince, persuade

conviver *v.* live together with, be familiar with

corroer *v.* corrode, eat up

costume *m.* custom, habit, usage; *pl.* behavior

criador *adj.* creative

defeito *m.* defect, fault, want

deficiência *f.* deficiency, imperfection, fault, want

desconhecer *v.* ignore, refuse to recognize

desestrutura *f.* lack of structure

destacar *v.* excel, exceed

diferenciar *v.* differentiate, distinguish

diversidade *f.* diversity

diverso *adj.* diverse, different, several

então *adv.* then, on that occasion

escritor *m.* writer, author

esforço *m.* effort, struggle

estrangeiro *adj.* foreign, alien, strange

exigência *f.* demand, necessity, requirement

feição *f.* form, aspect, kind, style, character

financeiro *adj.* financial

fisionomia *f.* physiognomy, features, characteristics, air

florescer *v.* flourish, bloom

fracassar *v.* shatter, break, fail

francês *adj.* French

gaúcho *adj.* pertaining to the state of Rio Grande do Sul and to southern Brazil in general

gênero *m.* kind, species, sort, genre

gênio *m.* genius, demon

geral *adj.* general

impor *v.* impose, exert influence

inconfundível *adj.* unmistakable, distinctive

libertar *v.* set free

ligar *v.* connect, turn on, pay attention to

linguagem *f.* language

linha *f.* line, thread

lograr *v.* succeed, trick

malefício *m.* witchcraft, spell, misdeed

marginalizar *v.* marginalize, push to one side

matriz *f.* mother tongue, origin, mold

nascer *v.* be born, begin

nítido *adj.* clear, distinct, well-defined, bright

nordestino *adj.* pertaining to the northeast of Brazil

orgulhar *v.* be proud

orgulho *m.* pride

padrão *m.* pattern, standard, criterion

passado *m.* the past, time past

pleno *adj.* full; **em pleno X** in the midst of X

pobreza *f.* poverty

possuir *v.* possess, own, have

prejudicar *v.* prejudice, damage, injure

realizar *v.* realize, make happen

reconhecer *v.* recognize

riqueza *f.* wealth

rugoso *adj.* rough

senão *conj.* otherwise, else

sentido *m.* sense

soberano *adj.* sovereign

sobressaltar *v.* startle

superar *v.* overcome, surpass, excel

surgir *v.* emerge, come forth

ufanista *adj.* overly proud, chauvinistic

veemência *f.* intensity, eagerness

7 / O Avesso das Coisas

Carlos Drummond de Andrade

 Assim como os antigos moralistas escreviam máximas, às vezes me dá vontade de escrever umas mínimas,[1] ou seja, alguma coisa que, ajustada às limitações do meu miúdo engenho, traduza um tipo de experiência vivida, que não chega a alcançar a sabedoria mas que de qualquer modo é resultado de viver. Andei reunindo pedacinhos de papel onde essas anotações vadias foram guardadas e, pelo preço de custo,[2] isto é, nada, ofereço-as ao leitor, como variante aos tristes ou feros assuntos do dia, no Brasil e no mundo. São palavras que, de modo canhestro, aspiram a enveredar pelo avesso das coisas, sem pretensão a emendá-lo ou a descobrir novas verdades.

Admiração.
Às vezes tenho a tentação de me admirar, e isto me causa a maior admiração.

Água.
Água potável tem gosto de poesia.

Alucinação.
Nossas alucinações são alegorias de nossa realidade.

Ambição.
Todas as ambições se parecem, mesmo que[3] se contradigam; só a desambição não tem similar.
Para se alcançar um ideal, é necessário ter ambição, e ter ambição é perder de vista o ideal.
A ambição torna os homens audazes, mas a audácia sem ambição é privilégio de poucos.

---

[1] The play on the words **maxim** and **minim** works as well in English as in Portuguese.

[2] **pelo preço de custo** for what it's worth.

[3] **mesmo que** even though.

Amizade.

Certas amizades comprometem a idéia de amizade.

Um amigo íntimo—de si mesmo.

É preciso regar as flores sobre o jazigo de amizades extintas.

Como as plantas, a amizade não deve ser muito nem pouco regada.

Amor.

Amar sem inquietação é amar por alguns momentos.

Entre as diversas formas de mendicância, a mais humilhante é a do amor implorado.

O colecionador de amores jamais se satisfaz com a sua coleção julgando-a incompleta.

A amada morta, que traiu, de repente torna-se puríssima.

Entre um e outro amor, é aconselhável um pouco de respiração.

O amor dinamita a ponte e manda o amante passar.

Comer sem fome, amar sem desejo: hábitos tristes.

A paixão intensa basta-se a si mesma—até se extinguir.

Os temperamentos ávidos de guerrear sofrem com a paz e distraem-se no amor.

Amar pela segunda vez o ser que foi nosso é tão surpreendente que constitui outra primeira vez.

Não é difícil ser amado por duas pessoas; difícil é amar as duas.

Há vários motivos para não amar uma pessoa, e um só para amá-la; este prevalece.

A boca beijada não guarda marca de seu êxtase; ele fica na mente de quem a beijou.

Cartas de amor: imitação nem sempre feliz da linguagem real do amor.

A paixão extinta obriga à reconstrução da vida com o material de suas cinzas.

Analfabetismo.

A alfabetização é a primeira coluna da estrutura social; o analfabetismo pode ser a segunda.

Animal.

O animal não aprende as nossas virtudes, se as tivermos, porém, adquire os nossos vícios.

Os animais não foram consultados por Esopo sobre a moralidade das fábulas.

O animal compreende mais e melhor a nossa linguagem do que nós a dele[4].

O homem mora na casa do gato, que o tolera por política.

---

[4] **do que nós a dele** than we [understand] the [language] of him [the animal].

Rendo homenagem ao cão: ele late melhor do que eu.
O cavalo de corrida galopa na esperança de derrubar o dono.
Por que os irracionais falam tão pouco e os racionais tanto?

[*Jornal do Brasil*, Rio de Janeiro, 27 de agosto 1983]

Vocabulary

aconselhável *adj.* advisable
alcançar *v.* reach, arrive at
alfabetização *f.* literacy
alucinação *f.* hallucination, delusion
amante *f. and m.* lover
amizade *f.* friendship
analfabetismo *m.* illiteracy
anotação *f.* annotation, notation, remark
aprender *v.* learn, acquire
aspirar *v.* inspire, aspire, absorb, covet
audaz *adj.* audacious, fearless, adventurous
avesso *m.* the wrong side, perversity
ávido *adj.* greedy, eager, hungry
canhestro *adj.* awkward, left-handed, clumsy
cinza *f.* ash, cinder
colecionador *m.* collector
comprometer *v.* compromise, oblige
contradizer *v.* contradict
corrida *f.* racecourse
derrubar *v.* knock down, overthrow, overturn
desambição *f.* lack of ambition, modesty, unselfishness
desejo *m.* desire
distrair *v.* amuse, distract
diverso *adj.* diverse, different; *pl.* several
emendar *v.* emend, correct
engenho *m.* mind, talent, wit, engine
enveredar *v.* go toward, guide, lead, direct one's course
Esopo *m.* Aesop
fábula *f.* fable, story
fero *adj.* fierce, wild, cruel
guerrear *v.* wage war against, fight

hábito *m.* habit, custom, use
homenagem *f.* homage, respect
humilhante *adj.* humiliating, degrading
implorar *v.* entreat, beseech, beg for
inquietação *f.* uneasiness, anxiety
jazigo *m.* grave, shelter
julgar *v.* judge, think
latir *v.* bark
leitor *m.* reader
linguagem *f.* language
marca *f.* mark, token, brand
mendicância *f.* beggary, begging
obrigar *v.* oblige
paixão *f.* passion
pedaço *m.* piece
planta *f.* plant
política *f.* politics, policy
potável *adj.* potable, drinkable
preciso *adj.* necessary, precise
pretensão *f.* pretense
prevalecer *v.* prevail, take advantage of
regar *v.* water, irrigate
reunir *v.* join, reunite
sabedoria *f.* wisdom, discretion
sofrer *v.* suffer, tolerate
surpreendente *adj.* surprising
tipo *m.* type, odd or eccentric person, character, fellow, guy
trair *v.* betray, lead astray
vício *m.* vice
vadio *adj.* idle
vontade *f.* will

O Romero embarafusta o carro portão adentro. O estacionamento, lembro ao afoito Romero, deve ser privativo dos titulares das chefias burocráticas da Segurança. No edifício há os que mantêm a ordem na papelada, com direito a espaço no pequeno estacionamento, e os titulares da ordem policial, que ao prédio, ocasionalmente, aparecem, mas sem direito, por causa da eventualidade, ao dito espaço.

O Romero, sem qualquer vinculação com a hierarquia funcional da Segurança, encontra o portão escancarado e, pé na tábua,[1] vai entrando sem pedir licença. Como seria de supor, funcionário aparece, a saber os motivos da intrusão ao pequeno, mas privativo, local de pouso. Pertence à velha guarda da Polícia Civil e, avistando-me, dá de ombros[2] ao avanço ao sinal, maneira figurada, (não há semáforo no portão) mas não apropriada, de entrar na casa alheia de chapéu na cabeça. Este meco, muito sem jeito, apresenta-lhe duas razões para a intempestiva *liberdade*: chuva fina na Rua da União e nenhum centímetro disponível de vaga na rua para colocar o carro. Uma terceira razão, esta subsidiária, era de a permanência não durar mais de cinco minutos, se tanto. Íamos à Assessoria de Imprensa falar com o Carlos Cavalcante, editor de polícia do *Diário*. A propósito, onde ficava a Assessoria de Imprensa? Fosse em frente, quebrasse à direita, tomasse o elevador.

Avistamo-lo. Acima da porta, bem visível, pendurava-se aviso: "Privativo dos delegados". Se houvera desculpa para a invasão do estacionamento, desculpa não faltaria para a do elevador. No segundo andar, em porta de vidro, mas sem indicação específica, lá estava a Assessoria, sem essa denominação. Dois funcionários; nenhuma máquina de escrever, nenhum subalterno servindo café; nenhum convite para sentar, tampouco sobre o que os chegados queriam. O Carlos não estava; não dava expediente ali; aparecia vez outra; não batia ponto.[3]

Ao longo do corredor, de uma das salas saía o Aristófanes de Andrade, rosado e alfaiado,[4] na bica para celebrar as bodas de prata[5] de vereança no

---

[1] **pé na tábua** going fast.

[2] **dar de ombros** shrug one's shoulders.

[3] **bater ponto** to punch a time clock.

[4] **rosado e alfaiado** freshly shaved and wearing good clothes.

[5] **bodas de prata** silver (wedding) anniversary, 25th anniversary (in general).

Recife. Pergunta não houve sobre o que levaram à Segurança três pessoas deslocadas de seus afazeres; da redação, do plenário e do escritório.

Conta-me o Romero, de volta ao carro, que há um par de anos teve a incumbência de comprar em Nova Iorque três bolas de bilhar para o Aristófanes —e de marfim. Aduziu: "Bolas de bilhar nos *States* encontram-se a cada esquina, mas de marfim em pouquíssimas casas do gênero. Gastei do meu bolso, de táxi, acima e abaixo, a metade do que levara para a compra". E acrescenta, engrenando a primeira[6]: "Passei-lhe o comprovante. Havia em profusão, adiantei, em loja, a dois passos do hotel em que me hospedara".

[*Diário de Pernambuco*, Recife, 5 de agosto 1983]

Vocabulary

acrescentar *v.* add, increase

adentro *adv.* inwards, inwardly, indoors

adiantar *v.* add, advance

aduzir *v.* adduce, add

afazeres *m. pl.* work, business, affairs

afoito *adj.* bold, daring

alfaiar *v.* adorn, embellish, beautify

aparecer *v.* appear, turn up, come out

assessoria *f.* main office

avanço *m.* advance

aviso *m.* notice, warning, advice

avistar *v.* discern, see, see clearly

bica *f.* point

bilhar *m.* billiards

bodas *f. pl.* wedding, wedding feast, anniversary

bola *f.* ball

bolso *m.* pocket

chefia *f.* management, leadership

civil *adj.* civil, pertaining to the city

colocar *v.* put

comprovante *m.* proof, evidence, receipt, voucher

convite *m.* invitation

desculpa *f.* excuse, plea, apology

deslocar *v.* dislocate, displace

diário *adj.* daily

direita *f.* right hand, right side

direito *m.* claim, title, right, prerogative, law

disponível *adj.* available, ready for use

embarafustar *v.* burst in, penetrate

engrenar *v.* engage, shift gears

escancarar *v.* set a door wide open, open

esquina *f.* corner

estacionamento *m.* parking, parking lot

eventualidade *f.* chance

expediente *m.* business or office hours, the work of an office, means

ficar *v.* be located

figurado *adj.* figurative

gastar *v.* spend, waste, consume

gênero *m.* kind, sort, genus, species, gender

guarda *f.* guard, keeper, watchman

hospedar *v.* lodge

imprensa *f.* press

incumbência *f.* duty, incumbency

intempestivo *adj.* unseasonable, inopportune, untimely

jeito *m.* manner, trick; **sem jeito** uncertain what to do; ill at ease

lembrar *v.* remember

levar *v.* bring, take

---

[6] **engrenar a primeira** shift into first (gear).

local *m.* place, spot, site
loja *f.* store, shop
manter *v.* maintain
marfim *m.* ivory
meco *m.* fellow, chap
metade *f.* half, middle
ombro *m.* shoulder
papelada *f.* a lot of papers, paperwork
passo *m.* step
pendurar *v.* hang
permanência *f.* stay
pertencer *v.* belong to
plenário *m.* meeting, session
polícia *f.* police force; *m.* policeman
portão *m.* entrance, gate, large door
pouso *m.* rest, resting place

prata *f.* silver
propósito *m.* purpose, intention; **a
propósito** by the way
redação *f.* editorial staff or room, editing
segurança *f.* security
semáforo *m.* semaphore, signal
sinal *m.* signal
subalterno *m.* subordinate, inferior
supor *v.* suppose
titular *m.* officeholder
vaga *f.* vacancy
vereança *f.* office of city alderman or
councilman
vinculação *f.* connection, link
volta *f.* return

9 / Decadência   *Carta*

 Viajei no final do mês de março para Paris a bordo do Boeing 747 (jumbo) da Air France, e fiquei surpreso e decepcionado com o que presenciei. A Companhia Aérea Francesa, outrora detentora de grande *know-how* em cortesia e serviço de bordo, encontra-se em franca decadência. A primeira impressão já é desastrosa, devido à fria recepção do pessoal de bordo e à péssima conservação da aeronave.

Com o desenrolar da viagem, a falta de cortesia se intensifica chegando quase à grosseria. O jantar e café da manhã são servidos de maneira pouco cortês e a má vontade dos comissários em atender os passageiros é constante durante todo o vôo.

No trecho Rio-Paris achei que talvez o pouco caso e desatenção fosse mera falta de sorte da minha parte, porém, no retorno ao Rio, tive motivos suficientes para desacreditar e desestimular qualquer passageiro que, iludido pela fama, prestígio e propaganda, dê preferência em voar por essa companhia.

[signed] Guilherme Soares de Morais—Rio de Janeiro

[*Jornal do Brasil*, Rio de Janeiro, 11 de agosto 1983]

Vocabulary

aeronave *f.* aircraft

atender *v.* attend to, take care of

bordo *m.* act or effect of boarding; **a bordo de** on board

caso *m.* accident, chance, event; **pouco —** disregard

comissário *m.* employee, agent

conservação *f.* maintenance

cortês *adj.* courteous, polite

cortesia *f.* courtesy

decepcionar *v.* deceive, disappoint, disillusion

desacreditar *v.* disillusion

desatenção *f.* lack of attention

desenrolar *v.* develop, progress

desestimular *v.* discourage

detentora *f.* holder, possessor

devido *adv.* due

ficar *v.* become, end up

final *m.* end

franco *adj.* frank, open

grosseria *f.* grossness, rudeness

iludir *v.* trick, mystify, cheat

mero *adj.* mere, plain

outrora *adv.* formerly

pessoal *m.* crew

presenciar *v.* be present at, witness

retorno *m.* return

trecho *m.* passage, stretch

vôo *m.* flight

10 / Água

Carta

 Há anos a água não chega à parte mais alta da Travessa Alice Galvão, em Niterói,[1] onde moro. Eu pago regularmente as contas, mas o jeito foi[2] mandar fazer um poço. Contudo das centenas de buracos de Niterói (talvez milhares) a água jorra em grande quantidade. Às vezes a Cedae[3] manda operários que fazem buracos, aterrando-os em seguida.[4] A Prefeitura não manda asfaltar. É uma adequação perfeita.

[signed] A. Ramos—Niterói (RJ)

[*Jornal do Brasil*, Rio de Janeiro, 11 de agosto 1983]

Vocabulary

adequação *f.* adaptation, adjustment
asfaltar *v.* pave
aterrar *v.* cover with earth
buraco *m.* hole
centena *f.* hundred
contudo *adj. and conj.* nevertheless, however
jeito *m.* knack, skill, way

jorrar *v.* gush
mandar *v.* order, command
milhar *m.* thousand
operário *m.* workman, laborer
poço *m.* well
prefeitura *f.* prefecture, district
travessa *f.* lane, alley

---

[1] Niterói is a large city near Rio on Guanabara Bay.
[2] **o jeito foi** the solution was.
[3] **Cedae** stands for **Compania Estadual de Água e Esgoto**.
[4] **em seguida** immediately, afterward.

11 / Cinema brasileiro

 Venho por meio desta pedir a esse Jornal a seguinte pequena retificação. No artigo intitulado *Vinte anos durante*, publicado no *Caderno Especial* de domingo, 7/8, saiu escrito, no capítulo *Nova Economia*, que "...é preciso *não* avançar mais no mercado externo...", por um provável erro de revisão. O que eu havia originalmente escrito é que "...é preciso avançar mais no mercado externo..." A lógica daquele capítulo, aliás, só se completa mesmo[1] com essa idéia de que, para renovar e solidificar a economia do cinema brasileiro, é preciso ganhar maiores e definitivos espaços no mercado externo e nas chamadas mídias eletrônicas, como a televisão.

[signed] Carlos Diegues—Rio de Janeiro

[*Jornal do Brasil*, Rio de Janeiro, 11 de agosto 1983]

Vocabulary

aliás *adv.* otherwise, besides
artigo *m.* article
caderno *m.* section of a newspaper; notebook, book of memoranda
capítulo *m.* chapter, section (of article)
chamado *adj.* called, so-called
externo *adj.* foreign, external
ganhar *v.* gain, win
intitular *v.* entitle

meio *m.* means, course, way; **por meio de** by means of
mídia *f.* media
preciso *adj.* necessary
renovar *v.* renew, reappear, sprout anew, become regenerated
retificação *f.* correction
revisão *f.* editing, revision

---

[1] **mesmo** here is only an emphatic.

12 / Retalhos

 Explicação não me chegou até agora nenhuma, sobre a minha intermitente incompatibilidade com os relógios de pulso.

Em compensação, tenho recebido depoimentos que provam não ser eu vítima exclusiva do embaraço.

Consuelo Pondé, em inteligente crônica publicada neste jornal—tudo que ela faz é inteligente—disse que seu marido também sofre do mesmo mal, e acrescentou uma informação que me deixou meio com a pulga atrás da orelha[1]: o marido dela é santamarense.[2]

O ligeiro espanto resultou do fato de que recebi um telefonema de outro santamarense, Danilo de Oliveira Teixeira, ex-aluno do Ginásio Santamarense, o que para mim representa a melhor das credenciais.

Contou-me o Danilo que sua primeira esposa sofria da mesma idiossincrasia, com a circunstância adicional de que não somente o relógio desandava no seu pulso: também ela se sentia mal.

Enviuvou e contraiu novas núpcias. Pois a segunda esposa, quando engravidou, teve que abandonar o relógio de pulso, porque o dito cujo adiantava 15 minutos em 24 horas.

Perguntei-me: será que o problema tem alguma relação com os ares de Santo Amaro? A dúvida foi de curta duração, porque a lógica pôs as coisas nos devidos lugares: se houvesse influência do massapê, todos os santamarenses seriam incompatíveis com os relógios.

A explicação tem que ser outra. E um leitor, cuja identificação não pude fazer porque não recebi o telefonema, disse que registrara o fenômeno, não me lembro bem se nele ou em alguma pessoa de sua família, e aventou uma explicação baseada nessa experiência: a causa seria a hipertensão. Hipótese que não se aplica a mim, que não sou hipertenso.

---

[1] **com a pulga atrás da orelha** intrigued.

[2] Santo Amaro is a fair-sized town near Salvador.

Quer dizer que, em matéria de explicações, ficamos na mesma. E só quero ver se não aparece alguém, capaz de decifrar esse "imbróglio". O que é do maior interesse porque não posso estar a comprar relógios tão cheios de veneta quanto eu...

[*A Tarde*, Salvador, 18 de agosto 1983]

Vocabulary

acrescentar *v.* add
adiantar *v.* advance
aventar *v.* air, guess
basear *v.* base
capaz *adj.* capable
contrair *v.* acquire, contract, assume
depoimento *m.* sworn evidence
desandar *v.* malfunction, go badly
devido *adj.* proper, due
embaraço *m.* perplexity, trouble
engravidar *v.* make pregnant, become pregnant
enviuvar *v.* become a widow or widower
espanto *m.* surprise, fright
fato *m.* fact
ficar *v.* remain
hipertensão *f.* hypertension, high blood pressure
hipertenso *adj.* having high blood pressure

hipótese *f.* hypothesis
imbróglio *m.* imbroglio, confusion
leitor *m.* reader
ligeiro *adj.* slight
massapê *m.* black fertile soil
matéria *f.* matter, subject matter
núpcias *f. pl.* wedding, marriage
pulga *f.* flea
pulso *m.* pulse, wrist
relógio *m.* watch
retalho *m.* scrap, morsel, shred
santamarense *adj.* from Santo Amaro
segundo *adj.* second
sofrer *v.* suffer
somente *adv.* only
telefonema *m.* telephone call
veneta *f.* fancy, whim
vítima *f.* victim

13 / Mãe intranqüila   *Carta*

11 + 36

Com a presente venho denunciar o fato ocorrido com meu filho, que morreu no Hospital Souza Aguiar, onde esteve internado durante 19 dias como indigente, após ter fugido da Casa de Saúde Niterói (especializada para tratamento psiquiátrico).

Há mais de oito meses venho lutando para saber qual a causa da morte do meu filho, porém em vão. Ao receber o auto de exame cadavérico expedido pelo

IML,[1] notei que estava incompleto. Além da descrição do auto, vi afundamento na cabeça do lado esquerdo, a boca estava completamente arreganhada, havia hematomas nas costelas e nas costas, sendo que ao receber o corpo, já no caixão para providenciar o enterro, levei o maior susto: vi o rosto completamente roxo-acinzentado.

Gostaria que as autoridades competentes se interessassem pelo meu caso. Preciso urgente de esclarecimentos, a fim de que uma mãe desesperada possa se tranqüilizar[2]. Não basta respostas do tipo "já morreu, não adianta mais nada". Quero saber de que morreu meu filho. Preciso de uma explicação ou de uma satisfação. É um direito que tenho.

A minha luta vai continuar até descobrir ou alguém esclarecer a verdade. Não quero prejudicar ninguém. Quero colocar tudo nas mãos de Deus e acima de tudo tranqüilizar meu coração de mãe.

[signed] Giselda Semente Torres—Rio de Janeiro

[*Jornal do Brasil*, Rio de Janeiro, 3 de janeiro 1984]

Vocabulary

afundamento *m.* depression
arreganhar *v.* split open
auto *m.* official report
bastar *v.* suffice
cadavérico *adj.* pertaining to a cadaver
caixão *m.* coffin
costas *f. pl.* back
costela *f.* rib
denunciar *v.* denounce, reveal
enterro *m.* burial
esclarecimento *m.* clarification
expedir *v.* send, deliver
fugir *v.* run away, flee
hematoma *m.* bruise
indigente *f. and m.* unidentified street person

internar *v.* confine
intranqüilo *adj.* restless, uneasy
levar *v.* bear
luta *f.* struggle
precisar *v.* need
prejudicar *v.* damage, injure, harm
providenciar *v.* arrange, prepare
psiquiátrico *adj.* psychiatric
rosto *m.* face
roxo-acinzentado *adj.* purple-gray, purple-ashen-colored
susto *m.* shock, fright
tranqüilizar *v.* reassure, calm, put at ease
tratamento *m.* treatment

---

[1] Instituto Médico Legal.

[2] Note that the dieresis does appear over the ü here and in the word **intranqüila**, above. Usage varies.

Após uma gravidez perfeita e menos de 48 horas depois de um parto aparentemente sem problemas, tive uma febre de 39,5°, que meu médico, Dr. Thales Pereira Nunes, atribuiu à subida do leite aos seios ou a "algum resíduo cirúrgico interno que estava sendo absorvido pelo organismo", segundo suas próprias palavras, o que também poderia provocar febre.

Por cinco dias, sem proceder a um exame mais minucioso, Dr. Thales receitou antitérmicos para uma febre que se mantinha constantemente alta. Até que meu estado se tornou desesperador: cólicas abdominais e uterinas violentíssimas, que um tardio hemograma revelou serem devidas a um adiantado grau de infecção, que se alastrou pela região mais frágil devido ao parto—o útero—já que nada foi feito de eficiente para controlá-la: o diagnóstico correto na hora certa, que um simples hemograma permitiria; uma imediata drenagem da infecção, acompanhada de antibióticos específicos que um teste comum de secreção também indicaria.

Dr. Thales então informou ser necessário operar e a cirurgia foi drástica: sem nenhuma consulta ou autorização de meus familiares, retirou parte do próprio útero e as duas trompas, completamente tomadas pela infecção, segundo suas palavras. Mas a incompetência criminosa de Dr. Thales não parou por aqui e justamente durante essa cirurgia desesperadora suturou **por engano** um dreno vaginal, que tentava depois movimentar inutilmente durante os curativos, para meu maior sofrimento, pois estava preso.

Esse dreno costurado foi a causa da infecção voltar a índices novamente mortais. O caso era tão desconcertante, que um médico amigo o assumiu, dizendo que o fazia até contra a ética da classe médica, mas que sua consciência profissional falava mais alto porque eu morreria se o tratamento continuasse na linha desconexa em que seguia. Somente quando soube que outro médico iria assumir meu caso, uma enfermeira do Hospital Samaritano, onde eu estava internada desde a segunda cirurgia, informou-lhe que o dreno vaginal estava costurado por engano. Foi necessária mais uma cirurgia para soltar esse dreno, o que então debelou a infecção.

Já não entro no mérito de como adquiri essa infecção, onde falhou o esquema de esterilização: hospital? médico? assistentes? Eu entro no mérito de um médico que se diz carregado de experiência, um velho médico, professor universitário, que em 1983, em pleno Rio de Janeiro, em hospital de primeira classe, particular, e recebendo seus honorários via direta, comete erro em cima de erro, primaríssimos, não sabendo diagnosticar uma infecção pós-parto tão evidente, receitando aleatoriamente, operando sem a mínima capacitação profissional.

O processo já se encontra no Conselho Regional de Medicina do Estado do Rio de Janeiro, sob o número 036/83, e, se houver alguma seriedade no julgamento, Dr. Thales será condenado. Espero pelo menos evitar que outra mulher saudável, transbordando de emoções pelo seu primeiro filho, se torne uma simples cobaia da incompetência, omissão e descaso médicos.

[signed] Magda Milaknis Von Brixeu Und Montzel—Rio de Janeiro.

[*Jornal do Brasil*, Rio de Janeiro, 8 de janeiro 1984]

Vocabulary

absorver *v.* absorb

adiantar *v.* advance

alastrar *v.* spread

aleatório *adj.* random

alto *adj.* high, important, loud, deep

antibiograma *m.* a medical test

antitérmico *m.* antipyretic, medicine to reduce fever

assumir *v.* take on, assume

capacitação *f.* qualification, comprehension, skill

carregar *v.* load, burden

cima *f.* top

cirurgia *f.* surgery

cirúrgico *adj.* surgical

cobaia *f.* guinea pig

cólica *f.* pain, cramp

cometer *v.* commit

condenar *v.* find guilty, condemn, convict, sentence

conselho *m.* council, counsel

consulta *f.* consultation

costurar *v.* sew, suture

curativo *m.* treatment, change of dressing

debelar *v.* subdue, conquer

descaso *m.* negligence

desconcertante *adj.* disconcerting, disturbing, perplexing

desconexo *adj.* disconnected, incoherent, fragmentary

desesperador *adj.* despairing, hopeless

devido *adj.* owing, due

diagnosticar *v.* diagnose

diagnóstico *m.* diagnosis

direto *adj.* direct, immediate; **via direta** *adv.* directly

drenagem *f.* drainage

encontrar-se *v.* be

enfermeira *f.* nurse

engano *m.* error, mistake

esquema *m.* plan, design, scheme

ética *f.* ethics

evitar *v.* spare, avoid

falhar *v.* fail

familiar *m.* relative

febre *f.* fever

filho *m.* child

grau *m.* degree

gravidez *f.* pregnancy

hemograma *m.* hemogram, blood test

honorários *m. pl.* fee, remuneration

índice *m.* index, rate

internar *v.* confine
inútil *adj.* useless, unnecessary
justamente *adv.* exactly
manter *v.* maintain, remain
médico *adj.* medical; *m.* doctor
mérito *m.* merit; **entrar no mérito** go into the merits, the question
mínimo *adj.* least
minucioso *adj.* detailed
mortal *adj.* life-threatening, mortal
movimentar *v.* move
particular *adj.* private
parto *m.* childbirth, delivery
pleno *adj.* full; **em pleno Rio** right in Rio
pós-parto *adj.* post-partum, after birth
preso *adj.* captive
processo *m.* trial
receitar *v.* prescribe
retirar *v.* take out, remove

saudável *adj.* healthy
seguir *v.* pursue, follow
seio *m.* breast
seriedade *f.* seriousness
sofrimento *m.* suffering
soltar *v.* release, loosen
subida *f.* rise
suturar *v.* suture
tardio *adj.* tardy
tentar *v.* try
teste *m.* test
tomar *v.* take, conquer, overwhelm
tornar-se *v.* become
transbordar *v.* overflow
trompa *f.* Fallopian tube
universitário *adj.* pertaining to a university
útero *m.* uterus
violento *adj.* powerful, intense
voltar *v.* return

15 / Indiferença

13   *Carta*

Desejaria que esse Jornal publicasse meu protesto pela maneira indiferente como fui atendido no serviço de otorrinolaringologia do ambulatório do INAMPS[1] de Ipanema, para onde me dirigi com o fito de me desvencilhar de um incômodo acúmulo de cera no ouvido.

Para não me estender muito, vou direto ao assunto: O médico, um tal de Dr. Theodócio, examinou meus ouvidos e confirmando o que eu suspeitava, falou-me de maneira autoritária, como se eu estivesse incomodando (eu que nunca fiz nada a ele; foi a primeira vez que o vi).

—O senhor empurrou a cera lá pra dentro!—Talvez na ânsia de procurar aliviar-me do ensurdecedor zunimento (e como coça!!) que vem se processando no interior de meu ouvido, notadamente no esquerdo, até o tenha feito de tanto coçar com inúmeros cotonetes, mas pergunto: Por que tal observação, né?

...Por sua vez, a atendente se dirigiu ao médico: "Doutor, a seringa de lavagem de ouvido está quebrada!!"

---

[1] **Instituto Nacional de Assistência Médica e Providência Social**—the Brazilian health-insurance plan.

E o médico para mim.

—Você deve procurar o Hospital da Lagoa para retirar esta cera; aqui não dá![2]

Saí dali e me dirigi ao Hospital da Lagoa. Lá uma senhora me disse: "Aqui não tem[3] serviço de otorrino. Como que este médico mandou o senhor para cá??!!"

Voltei ao ambulatório de Ipanema, onde tornei a falar com a atendente e esta mandou que eu fosse à coordenadoria. Aí, o coordenador, um cidadão (acho que era médico) com ares de auto-suficiência, mandou-me de volta[4] para a clínica. Nestas alturas dou-me por vencido.

Meu Deus! O mundo, eu sei, não permite ainda que sejamos bons, mas ele evoluiu um pouco e já permite que não sejamos ruins, indiferentes aos anseios de nossos irmãos. Por que o médico do ambulatório me mandou para um serviço do otorrino inexistente?!! Só porque o serviço do INAMPS de otorrino não tinha uma simples seringa de metal para fazer lavagens de ouvido??!! É isto aí, fui procurar alívio para um quadro de sintoma que atormenta, saí com outros. Agora experimento: os ouvidos e uma tremenda sensação de empanzinamento. É que meu sistema nervoso neurovegetativo se desequilibrou. Passo a sentir de tudo. Bem fez nosso Presidente: foi-se tratar em Cleveland.[5] Vai ter que desembolsar uma nota, mas não terá de se amofinar!!... Deus o ajude e a nós não desampare...

[signed] Walther Pereira Leite—Niterói (RJ)

[*Jornal do Brasil*, Rio de Janeiro, 11 de agosto 1983]

Vocabulary

acúmulo *m.* accumulation
aliviar *v.* alleviate, relieve, ease, diminish
alívio *m.* relief, alleviation
altura *f.* altitude; time, point in time
ambulatório *m.* out-patient clinic
amofinar *v.* vex, fret, grieve
anseio *m.* anxiety
ânsia *f.* anguish, anxiety, perplexity
ar *m.* air, behavior, appearance

assunto *m.* topic, subject
atendente *f.* assistant
atormentar *v.* torment, torture
autoritário *adj.* commanding, despotic
auto-suficiência *f.* self-sufficiency
cá *adv.* here, hither
cera *f.* wax
cidadão *m.* citizen, person
coçar *v.* scratch, itch

---

[2] **aqui não dá** here it is not possible.

[3] **tem** is used here instead of **há**.

[4] **de volta** back.

[5] The then president of Brazil, General Figueiredo, had recently returned from Cleveland, Ohio, where he underwent a coronary bypass.

coordenadoria *f.* coordinating or head office

cotonete *m.* cotton-tipped swab

dali *contr.* of **de** and **ali** thence

desamparar *v.* forsake, abandon

desejar *v.* desire, wish

desembolsar *v.* spend, expend

desequilibrar *v.* unbalance

desvencilhar-se *v.* get rid of

dever *v.* have to, need, be obliged, owe

dirigir *v.* direct

empanzinamento *m.* fullness

empurrar *v.* push

ensurdecedor *adj.* deafening

estender *v.* extend, expand, enlarge

evoluir *v.* develop, progress

experimentar *v.* undergo, experience, suffer

fito *m.* aim, purpose, intention

incomodar *v.* trouble, annoy

incômodo *adj.* inconvenient, awkward

inexistente *adj.* nonexistent

lavagem *f.* washing

né *contr.* of **não é?**

neurovegetativo *adj.* neurovegetative

notadamente *adv.* especially, notedly

otorrino *m.* otorhinolaryngologist, ear-nose-throat doctor

otorrinolaringologia *f.* (the practice of) otorhinolaryngology

passar *v.* pass; become, start

pra *contr.* of **para**

processar *v.* process, work

procurar *v.* look for, try

quadro *m.* square; picture; group, set

retirar *v.* take out

ruim *adj.* mean, bad, wicked

senhor *m.* master, man; **o senhor** you (formal form of address)

seringa *f.* syringe

sintoma *m.* symptom

suspeitar *v.* suspect

tornar *v.* turn, return; wind up

tremendo *adj.* awful, dreadful, tremendous

vencer *v.* conquer, defeat, master, win

voltar *v.* return

zunimento *m.* buzzing

---

16 / Gratidão ＋ 35   14   *Carta*

 Quero agradecer aos Srs. Drs. Ronaldo Sampaio, R. J. Ficher e Sidnei, do Hospital Carlos Chagas:—O espírito humanitário, capacidade profissional e sobretudo respeito à vida alheia; pois provaram, mesmo sem recursos materiais, que no atendimento do meu sobrinho, Bruno Jorge Cunha Brandão, de oito meses de idade, no dia 27/6/83, encaram a medicina como um verdadeiro sacerdócio:—prisma este que eu gostaria fosse seguido por todos e não por uns poucos.

[signed] Jorge Campos Cunha—Rio de Janeiro

[*Jornal do Brasil*, Rio de Janeiro, 11 de agosto 1983]

Vocabulary

agradecer *v.* thank
alheio *adj.* of others
atendimento *m.* attention
encarar *v.* view, face
idade *f.* age
medicina *f.* the practice of medicine
prisma *m.* viewpoint, bias

provar *v.* prove
recurso *m.* funds, money
sacerdócio *m.* priesthood
seguir *v.* follow
sobretudo *adv.* above all
sobrinho *m.* nephew
verdadeiro *adj.* true

17 / O riso nos dias de hoje

Ida Laura

 Muitas vezes já foi dito que é mais fácil fazer o espectador chorar do que rir. A vida é geralmente complicada demais para qualquer pessoa nos dias de hoje, e por isso estamos mais perto da tragédia, que nos acompanha constantemente. E assim as pessoas vão perdendo a capacidade de rir, que é uma das emoções típicas do ser humano. Basta reparar nos brasileiros, especialmente cariocas. Fazia parte do folclore nacional a capacidade de inventar piadas, especialmente as relacionadas com a política. Hoje essa capacidade se perdeu.

Aqueles que são capazes de tornar outros alegres nem sempre têm uma atitude semelhante diante de si próprios. A imagem do palhaço que chora é bastante conhecida e os grandes cômicos do cinema geralmente tiveram existências trágicas. Veja-se, por exemplo, a história de Jacques Tati,[1] o francês que fora de dúvida foi o melhor cronista de nosso século, descrevendo-o através do humor. Tati morreu na miséria, apesar de ter sido um finíssimo observador de todos os ridículos do ser humano moderno. Milhões de espectadores do mundo inteiro divertiram-se às custas de Mr. Hulot,[2] o simpático e desajeitado cidadão, através de cujos olhos observamos os atropelos das férias, o terror do tráfego, o turismo massificado, a urbanização desorganizada e até, muito antes dos recentes filmes sobre vídeos e outros aparelhos electrônicos, a influência da tecnologia sobre a vida diária. É inesquecível a cena em que Hulot penetra em uma cozinha ultramoderna, repleta de botões, aparelhos e circuitos e apavora-se diante de estranhas vasilhas que se movem. Qual a dona de casa que nunca levou um susto[3] com o estouro de uma panela de pressão?

Tati morreu esquecido, mas hoje recomeça-se a dar a ele o valor que mereceu. Outro cômico, também falecido, Peter Sellers, com seu humor à inglesa, sempre se meteu em atrapalhações, só que, diferentemente de Hulot, os

---

[1] Jacques Tati was a French comic actor.

[2] Tati played the role of Mr. Hulot in the classic French film comedy (1953) *Mr. Hulot's Holiday.*

[3] **levar um susto** to take fright, be scared.

que o rodeavam eram atingidos pelos seus atos, caindo, tropeçando, enganando-se. Atualmente está em cena uma seleção de cenas de seus filmes, os da série da "Pantera Cor-de-Rosa", onde se pode apreciar sua arte.

É curioso notar que tanto Hulot como o detetive Closeau,[4] interpretado por Sellers, são seres inocentes, bondosos, o primeiro de uma humanidade rara, o segundo de uma originalidade de pensamento única. Hulot tumultua porque não se integra no ambiente artificial onde vivemos, o detetive Closeau porque age segundo sua própria cabeça. Na verdade, ambos conservam valores fundamentais do homem pouco a pouco esquecidos pela sociedade. E, se conseguem fazer rir, demonstram não um homem patético, tolo ou até sádico, mas servem-se do riso para descobrir os erros da sociedade que nos cerca e tentam explicar como age observadamente o ser humano. Um exemplo de humor gratuito está em nossos "Trapalhões", como Renato Aragão;[5] o humor das pornochanchadas sobre sexo geralmente é tolo, e sádico é dos Três Patetas,[6] embora dentro de alta categoria artística.

[*O Norte*, João Pessoa, 3 de agosto 1983]

Vocabulary

agir *v.* act
alegre *adj.* happy
ambiente *m.* atmosphere
ambos *adj.* both
aparelho *m.* appliance, apparatus
apavorar *v.* terrify
apesar de *prep.* despite
arte *f.* art, skill
atingir *v.* attain, reach, conceive
ato *m.* act, action, deed
atrapalhação *f.* disorder, confusion
atropelo *m.* trampling
atual *adj.* present, current
bastante *adj. and adv.* sufficient, enough, a good deal
bondoso *adj.* kind, good, obliging
botão *m.* button, flower bud
capaz *adj.* capable, fit, able

carioca *adj.* pertaining to the city of Rio de Janeiro
cena *f.* scene
cercar *v.* enclose, surround, encompass
circuito *m.* circuit
cômico *m.* comedian
conservar *v.* preserve, maintain
cor-de-rosa *adj.* pink
cozinha *f.* kitchen
cronista *f. and m.* writer of crônicas
custa *f.* cost, expense; **às custas de** at the expense of
desajeitado *adj.* clumsy, awkward
descrever *v.* describe, explain
desorganizar *v.* disorganize, break up
detetive *m.* detective
diante *adv.* before, in front of, toward
diário *adj.* daily

---

[4] Inspector Clouseau, a film character created by Peter Sellers.
[5] Brazilian TV and film comedian.
[6] **Três Patetas** Three Stooges.

embora *conj.* although

enganar *v.* deceive; enganar-se to be
mistaken

estouro *m.* explosion

estranho *adj.* strange

falecer *v.* die

geral *adj.* general

gratuito *adj.* gratuitous, free, gratis

inesquecível *adj.* unforgettable

inteiro *adj.* entire, perfect, upright

massificado *adj.* mass

merecer *v.* deserve

meter *v.* put, place

palhaço *m.* clown

panela *f.* cooking pot

pantera *f.* panther

pateta *f. and m.*blockhead, simpleton

pensamento *m.* thought, reflection, meditation

piada *f.* joke

pornochanchada *f.* soft porn, porno plays,
porno comedies

pressão *f.* pressure

recente *adj.* new, recent, fresh

recomeçar *v.* begin again

relacionar *v.* relate, connect with, include in

reparar *v.* notice

repleto *adj.* filled, plump

riso *m.* laughter

rodear *v.* encompass, encircle

sádico *adj.* sadistic

semelhante *adj.* like, alike

tentar *v.* try

típico *adj.* typical

tolo *adj.* foolish, silly

tráfego *m.* traffic

trapalhão *m.* sad sack

tropeçar *v.* stumble

tumultuar *v.* cause tumult

valor *m.* value, worth

vasilha *f.* vessel, barrel

vídeo *m.* videotape

16

18 / No ônibus

Belminda Vinagre

Entraram no ônibus, ambas apressadíssimas—mãe e filha. Esta, mais pelo intuito de ajudar a carregar as sacolas cheias e acomodá-las no porta-bagagem. Se despediram carinhosamente, finalizando com os gestos—para outros, já mecânicos—dos adeuzinhos recíprocos.

Mal o veículo contornara a Estação Rodoviária em direção à rua da antiga Cadeia, rebuscando o rumo de saída para Recife, a mulher—na casa dos sessenta,[1] baixinha e alvoroçada—deu conta de que a filha havia se esquecido de lhe dar o dinheiro da passagem entre aquela capital e a cidade do interior[2] pernambucano, onde residia. Seu desespero contaminou a todos, inclusive o

---

[1] **na casa dos sessenta** in her sixties.

[2] Historically, Brazil was first settled along the coast. Thus that is where the oldest cities, most of the largest cities, and many state capitals are located. So the "interior" of a state usually means inland and always means away from the big centers.

próprio motorista que indevidamente parou em lugar proibido, sendo alvo dos xingamentos por parte dos colegas de trânsito.

A pobre mulher não sabia o que fizesse—se descia, se prosseguia viagem! Mas a decisão não partiria dela e sim[3] do gesto solidário dos demais passageiros que logo se cotizaram para solucionar o problema.

Se a arrecadação voluntária viera garantir sobejamente a passagem pretendida, pouco serviu para amenizar a intranquilidade[4] da senhora, que começou por elogiar a filha—como a querer tirar qualquer má impressão da nossa parte. "Aff-maria, aquilo é mais que uma filha, é uma verdadeira mãe prá mim, me ajuda em tudo, carinhosa que só ela. Não sei como isso foi acontecer. Mas eu sei! é porque ela é mais agoniada que eu!"

Continuava falante e o centro das atenções. Ia soltando os dados particulares da filha única—casada, morando aqui em João Pessoa, onde trabalhava, profissão do marido, número de filhos, nome de cada um (mistura de profetas com heroínas de televisão), nome do gato, nome do cachorro,—nome do papagaio, se tivesse...

De uma coisa, porém, a mulherzinha tinha certeza absoluta—quando a filha desse[5] fé[6] do esquecimento, viria correndo no seu encalço, iria até Recife..., não a deixaria passar um vexame daquele. Conhecia bem a filha!

Tínhamos passado o quartel do 15º RI—para mim será sempre o antigo Regimento de Infantaria, onde meu marido, mais do que servir obedecendo e mandando, plantou suas árvores—pois bem, nessa altura,[7] um táxi veloz, businando com insistência, nos ultrapassou, indo parar mais na frente. Um grito triunfante irrompeu dentro do ônibus "Não disse? É a minha filha!" De fato,[8] esta entrou afobada, se desculpando. Novamente se abraçaram, novamente se beijaram. O dinheiro foi passado e a moça saiu apressada. Para recuperar o atraso, o motorista partiu com vontade!

Comovida, e desta vez, realmente mais tranquila, a mulher ainda repetiu para todos "Tinha certeza que ela vinha, conheço bem minha filha". E, remexendo na bolsa, se prontificou a devolver a ajuda de cada um. Foi unânime a recusa. Valia muito mais o espetáculo de amor e confiança a que havíamos assistido. Nisso, com a bolsa revirada, ela salta da cadeira para o meio do ônibus, num grande

---

[3] **não X... e sim Y...** not X but rather Y; in this case 'the decision did not stem from her but rather from the gesture'.

[4] Note that the newspaper printed **intranqüilidade** here without the dieresis over the **ü**; also in **tranquilo** below. There is a growing tendency to leave off this particular diacritic in Brazilian newspapers. We have reproduced them in this book as they appeared in the printed texts.

[5] Here **desse** is part of **dar**, not the usual **de + esse**.

[6] **dar fé de** to realize, become aware of.

[7] **nessa altura** at that moment.

[8] **de fato** indeed.

espanto..."minha Nossa Senhora, num é que minha filha no lugar de me deixar o dinheiro, levou o que vocês me deram!...Aff-maria!"

[*O Norte*, João Pessoa, 4 de agosto 1983]

Vocabulary

abraçar *v.* embrace, encompass

acomodar *v.* accommodate, arrange, put in order

acontecer *v.* happen

adeuzinhos *m. pl. (dim. of* adeus) farewells, goodbyes

Aff-maria *interj.* corruption of Ave Maria

afobar *v.* hurry, embarrass

agoniar *v.* distress, afflict

alvo *m.* aim, intent, object, target

alvoroçado *adj.* flurried, restless

amenizar *v.* ease, make pleasant

antigo *adj.* ancient, old, antique, former

apressar *v.* hurry, hasten

arrecadação *f.* collection

árvore *f.* tree

assistir *v.* attend, wait upon, help

atraso *m.* delay

baixinho *adj. (dim. of* baixo) low, small, humble, not tall

beijar *v.* kiss

businar, buzinar *v.* honk

cadeia *f.* jail, chain

carinhoso *adj.* kind, loving

carregar *v.* load

certeza *f.* certainty

colega *f. and m.* fellow passenger, colleague, fellow

comover *v.* move, touch (emotionally)

confiança *f.* confidence

contaminar *v.* spread, contaminate, corrupt

contornar *v.* turn around

cotizar-se *v.* participate, share, contribute

descer *v.* get off, descend

desculpar *v.* excuse

desespero *m.* despair, anger

devolver *v.* give back, return

elogiar *v.* praise, applaud

encalço *m.* pursuit, track

espanto *m.* fright, terror, surprise

esquecimento *m.* forgetfulness

fato *m.* fact

fé *f.* faith

finalizar *v.* finish

gesto *m.* gesture

grito *m.* shout

indevido *adj.* improper, undue, unjust

infantaria *f.* infantry

intranquilidade *f.* uneasiness

intuito *m.* intention, design, plan

irromper *v.* break out, burst forth

mal *adv.* hardly, scarcely

meio *m.* middle

mistura *f.* mixture

motorista *f. and m.* driver

novamente *adv.* again

obedecer *v.* obey, comply with

papagaio *m.* parrot, kite, bank loan

passagem *f.* fare, passage

pernambucano *adj.* pertaining to the state of Pernambuco

pois *conj.* for, because, then, therefore, since; pois bem well,... (in telling a story)

porém *conj.* but, however

porta-bagagem *m.* luggage rack, luggage carrier, baggage check

prá *contr. of* para

pretender *v.* intend

profeta *m.* prophet

prontificar *v.* prepare; prontificar-se offer, volunteer

prosseguir *v.* follow, continue, pursue	**solidário** *adj.* common, mutual
quartel *m.* quarters, barracks	**soltar** *v.* give out, loosen, let go
rebuscar *v.* search for again	**solucionar** *v.* solve, decide
recusa *f.* refusal	**tirar** *v.* remove
remexer *v.* rummage, turn upside down	**trânsito** *m.* traffic
revirar *v.* turn inside out	**ultrapassar** *v.* overtake, pass (in traffic)
rodoviário *adj.* pertaining to highways;	**veloz** *adj.* speedy, active
estação rodoviária *f.* bus station	**verdadeiro** *adj.* true, loyal, faithful, honest
sacola *f.* bag	**vexame** *m.* trouble, shame
saltar *v.* leap, jump, spring	**vontade** *f.* will
sobejar *v.* be more than enough	**xingamento** *m.* abuse, chiding

19 / Sensação de esperança *Carta*

Na tarde chuvosa do dia 22/12/83, com muitos embrulhos e a atenção natalinamente desatenta, entrei num ônibus qualquer em direção à Praça XV.[1] Ali saltei e, entre uma poça d'água e outra, cheguei à estação das barcas. Acomodada, já me preparava para a travessia, quando constatei a falta de uma das bolsas. Muito aflita, levantei-me e saí correndo em direção ao ponto final do ônibus que viajara. Dentro de tal bolsa havia dois talões de cheque[2] ouro do Banco do Brasil[3] e uma caixinha com dois pares de brinco de ouro e brilhante, entre outras coisas. Precisava reavê-la de qualquer maneira.

Uma vez no ponto, dirigi-me aos empregados da empresa e, apavorada, contei o que se passara. Ninguém sabia de bolsa nenhuma e fui aconselhada a esquecer o assunto. Frustradíssima, retomei o caminho de volta depois de deixar meu telefone para o caso de algum **milagre**. Tudo o que me restava fazer era amargar aquele aborrecimento e esperar o dia seguinte para bloquear os cheques. Era caso perdido e, em meio a tanta violência vivida em nosso dia-a-dia, não me sentia muito no direito de lamentar a perda de jóias e cheques.

Mas, por incrível que pareça,[4] deu-se o **milagre**. No dia seguinte alguém telefonou informando que havia encontra[5] minha bolsa e que esta estava à minha disposição em sua residência, no bairro de Irajá. Meio descrente ainda, parti para

---

[1] **Praça XV** is the square in downtown Rio where one boards the ferry for Niterói.

[2] **talão de cheque** checkbook.

[3] The "gold account" with the Bank of Brazil permits the holder to write an overdraft without penalty.

[4] **por incrível que pareça** however incredible it might seem.

[5] **encontra** = **encontrado**.

o endereço indicado. No caminho, a cabeça a mil[6] imaginava algum tipo de golpe ou a bolsa mexida e desfalcada. Qual nada![7] Simpaticamente recebida pela dona da casa, logo constatei que a bolsa estava intacta e que simplesmente havia recuperado tudo o que havia perdido. E agora? Que conclusão tirar de tudo isso? Sorte e nada mais? Não, sorte e muito mais. Sorte e sensação gostosa de que, decididamente, nem tudo está perdido. Por alguns momentos os sentimentos de medo e desconfiança deram lugar a uma grande sensação de esperança, e isso, em pleno final[8] do ano de 1983, tem um significado muito especial.

[signed] Rosely Curi Rondinelli—Niterói (RJ)

[*Jornal do Brasil*, Rio de Janeiro, 9 de janeiro 1984]

Vocabulary

aborrecimento *m.* nuisance, tediousness
acomodar *v.* arrange, settle, be comfortable
aconselhar *v.* advise, persuade
aflito *adj.* worried, distressed
amargar *v.* suffer, become bitter
apavorado *adj.* panic-stricken
assunto *m.* matter, affair
atenção *f.* concentration, watchfulness
bairro *m.* district, neighborhood
barca *f.* boat
bloquear *v.* block, stop payment (on a check)
brilhante *m.* diamond
brinco *m.* earring
chuvoso *adj.* rainy, wet
constatar *v.* discover, find out
dar-se *v.* happen
desatento *adj.* careless, forgetful
desconfiança *f.* suspicion, mistrust
descrente *adj.* unbelieving, incredulous
desfalcar *v.* plunder, rob
dia-a-dia *m.* daily life

dirigir-se *v.* apply to, be directed to
embrulho *m.* package
empresa *f.* company, business
esperar *v.* hope for, wait for, look for
frustrar *v.* frustrate, disconcert
golpe *m.* trick, blow, shock, bad luck
gostoso *adj.* delightful, delicious
incrível *adj.* unbelievable, incredible
jóia *f.* jewel, gem
levantar *v.* raise, rise
meio *m.* midst
mexer *v.* shuffle, rifle, meddle
milagre *m.* miracle
natalino *adj.* pertaining to Christmas
par *m.* pair
parecer *v.* seem
passar-se *v.* happen
perda *f.* loss
pleno *adj.* absolute, complete, perfect
poça *f.* puddle
ponto *m.* point, stop
precisar *v.* need, require

---

[6] **a cabeça a mil** with all sorts of thoughts in one's head.
[7] **Qual nada!** But no!
[8] **em pleno final** at the very end.

reaver v. get back, recover, retrieve
restar v. remain, rest
retomar v. get back, recover
saltar v. get off, alight
seguinte adj. following, subsequent
sentimento m. feeling

significado m. significance, meaning
telefone m. telephone number
tirar v. draw
travessia f. crossing, passage
volta f. return

20 / Criminalidade $\qquad$ 18 $\qquad$ *Carta*

A nota **Sangue na cabeça (Informe JB**, de 10/1/84) alerta para o perigo da violência generalizada da população, que procura fazer justiça com as próprias mãos sob qualquer argumento. Apesar de ser de difícil entendimento, é certo que a alguém interessa este estado psicológico de insegurança e violência em que estão se mergulhando as cidades de São Paulo e Rio de Janeiro. Criou-se através dos principais meios de comunicação um clima de tensão permanente que não reflete a situação real da criminalidade nas ruas destas metrópoles. A situação realmente não é tranqüila, mas em momento algum justifica o "alerta vermelho" sutilmente engendrado por intereses escusos. E no fim quem paga a conta são os mais humildes, os pobres. Inicia-se, principalmente no Rio de Janeiro, uma verdadeira temporada de caçada aos pobres. Todos são suspeitos, todos são suscetíveis de julgamentos sumários e todos correm o risco de ser linchados. Com a crise, caça não faltará. Ah, e atenção o alvo predileto é o pobre negro. Este sim, deve tomar muito cuidado em andar pelas ruas violentas da cidade.

[signed] Anibal Sales— Brasília (DF)

[*Jornal do Brasil*, Rio de Janeiro, 30 de janeiro 1984]

Vocabulary

alvo *m.* aim, design

apesar de *prep.* in spite of, notwithstanding

atenção *f.* care, vigilance, courtesy; *interj.*
    watch out!

através de *prep.* through

caça *f.* hunt, chase

caçada *f.* hunting party, game

criminalidade *f.* crime, history of crime

criar *v.* create, generate

cuidado *m.* care

engendrar *v.* cause

entendimento *m.* understanding

escuso *adj.* useless, unnecessary, hidden

faltar *v.* fail, lack

generalizar *v.* spread, make commonplace

humilde *adj.* humble, poor

informe *m.* information, advice, report

insegurança *f.* insecurity, instability

julgamento *m.* judgment, opinion

linchar *v.* lynch

meio *m.* means

mergulhar *v.* plunge, dive

negro *adj.* black, African; *m.* black person

perigo *m.* danger, risk

próprio *adj.* private, personal, own

predileto *adj.* favorite

procurar *v.* search, endeavor, solicit

real *adj.* actual, true, genuine

risco *m.* risk, danger

sangue *m.* blood

sumário *adj.* summary, hasty, performed
    speedily and without ceremony

temporada *f.* space of time, period

vermelho *adj.* red

18

21 / Proibição permitida

Carta

 A sociedade brasileira vive uma fase de grande perplexidade. O jogo do bicho,[1] incluído na legislação como ilícito penal, é o que se pode chamar de proibição permitida, pois é praticado nas principais ruas da cidade, à luz do dia, sem qualquer constrangimento para os transeuntes. De duas uma ou o jogo do bicho é atentatório aos bons costumes e deve ser perseguido até as últimas conseqüências, ou não ofende a moral pública e deve deixar de ser um ilícito penal. O meio termo[2] é simplesmente desmoralizante.

Temos agora uma novela mostrada em todos os quadrantes do país, no horário de maior audiência da televisão, em que o herói e a heroína são dois refinados assaltantes de residências, com a finalidade de roubar jóias. Dá gosto ver as cenas de simpatia, romance e ternura em que os dois personagens planejam os assaltos, com requintes que constituem verdadeiro curso de aprendizagem para quem quiser tentar a atividade. Há o risco de que esse enredo venha colocar o roubo de jóias naquele mesmo meio termo em que se encontra o jogo do bicho. A maior perplexidade, entretanto, está no fato de que o bicho da

---

[1] **jogo do bicho** Brazilian numbers game, so-called because each animal represents a certain number. It began as a way to attract Brazilians to the zoo in Rio.

[2] **o meio termo** halfway between.

novela, excelente ator por sinal[3] (o que é pior...) é simplesmente um **doublé** de assaltante e advogado militante. Criminalista...Será que a OAB[4] não assiste televisão?

[signed] José Luis Gonçalves—Niterói (RJ)

[*Jornal do Brasil*, Rio do Janeiro, 30 de janeiro 1984]

Vocabulary

advogado *m.* lawyer
aprendizagem *f.* apprenticeship
assaltante *f. and m.* assailant
assistir *v.* watch (TV)
atentatório *adj.* offensive
bicho *m.* animal, guy
cena *f.* scene
colocar *v.* place, put, set
constituir *v.* form, consist of
constrangimento *m.* constraint
costume *m.* habit, custom, usage
criminalista *m.* a lawyer who handles only criminal matters
doublé *(Frn.)* double, doubling
enredo *m.* story, plot, puzzle
entretanto *adv.* meanwhile, however
fase *f.* phase, stage

fato *m.* fact, deed, action, event
finalidade *f.* purpose, final result
moral *f.* morality, ethics
novela *f.* soap opera
penal *adj.* penal, subject to punishment
perseguir *v.* pursue
personagem *f. and m.* character, eminent person
planejar *v.* plan
quadrante *m.* quadrant
refinar *v.* refine, cultivate
requinte *m.* refinement, affectation
risco *m.* risk
roubar *v.* rob
ternura *f.* tenderness, love
transeunte *m.* passer-by
verdadeiro *adj.* true, real

---

[3] **por sinal** by the way.
[4] **Ordem dos Advogados do Brasil.**

22 / Visão otimista

Carta

(...) É triste ver que os jornalistas só percebem a maçã envenenada no Jardim do Éden. Tendo vivido nos Estados Unidos, na Europa e na Arábia, e tendo viajado extensamente pela África e pela Ásia, acho impossível aceitar qualquer descrição do Rio como algo menos que uma cidade maravilhosa! Quando em contato com os cariocas, minha felicidade não tem limites. Talvez possa melhor ilustrar meus sentimentos fazendo comparações com Nova Iorque e Paris, isto para não mencionar Riyad, Lagos ou Déli.

As ruas da Zona Sul do Rio são impecavelmente limpas em comparação com as de outras grandes cidades. Os motoristas de ônibus e táxis não atropelam por esporte; pelo contrário, muitas vezes param e com um sorriso amável e polegar para cima[1] esperam que passe um pedestre ou um carro. Incrível, mas assim é o Rio! (...)

Os pobres aqui têm lar, família, amigos. É realmente melhor morar em uma favela do que nas ruas frias de Nova Iorque ou Paris. As favelas são certamente pobres, sujas e dilapidadas; mas não são tristes, desesperadas ou sem esperança. A esperança dos brasileiros prevalece sobre tudo mais.

Os favelados não odeiam os ricos, nem os ricos detestam os pobres. Quando se trocam esmolas, também se trocam gracejos; é gente oferecendo a gente. Os pobres nas ruas são às vezes mais corteses do que muito ocidental rico.

O país está em crise econômica, não social. Aqui não há quadrilhas de jovens ou decadência. Os jovens acreditam no futuro, e para isso trabalham e estudam. Os pais são respeitados, não há tempo para vadiagem, delinqüência ou vandalismo. O Brasil não perdeu o timão como a Europa. Contrariamente a muitas opiniões, acho soberba a atitude dos brasileiros perante o trabalho; eles não se envergonham de qualquer trabalho e têm orgulho de um trabalho bem feito. O cinismo da Europa nem seria aqui compreendido. (...)

[signed] David Teller—Rio de Janeiro

[*Jornal do Brasil*, Rio de Janeiro, 3 de janeiro 1984]

Vocabulary

aceitar *v.* accept	**envenenar** *v.* poison
acreditar *v.* believe (in)	**envergonhar-se** *v.* be ashamed
amável *adj.* friendly	**esmola** *f.* alms, charity
atropelar *v.* run over, trample	**extenso** *adj.* extensive
carioca *f. and m. and adj.* Carioca (person from the city of Rio)	**favela** *f.* slum
	favelados *m. pl.* those who live in favelas
cima *f.* top, summit	**felicidade** *f.* happiness
cinismo *m.* cynicism	**gracejo** *m.* joke, pleasantry
contato *m.* contact	**impecável** *adj.* impeccable, spotless
cortês *adj.* courteous, polite	**incrível** *adj.* unbelievable
Déli *m.* Delhi	**lar** *m.* home
desesperado *adj.* desperate, hopeless, mad	**limite** *m.* bound, boundary, border, limit
dilapidar *v.* fall into decay	**maçã** *f.* apple

---

[1] **para cima** up(ward).

motorista *f. and m.* driver
ocidental *adj.* western
odiar *v.* hate
orgulho *m.* pride
perante *prep.* before, in front of
perceber *v.* perceive, see, understand
polegar *m.* thumb
prevalecer *v.* prevail

quadrilha *f.* band, gang
respeitar *v.* respect
soberbo *adj.* superb, proud
sorriso *m.* smile
sujo *adj.* dirty, soiled
timão *m.* tiller, helm, control, direction
trocar *v.* exchange, barter
vadiagem *f.* vagrancy

23 / Ponderação

Carta

O suelto de 11/01/84 sobre a nota do Metrô e minha ação como seu presidente revela, em si, uma precipitação da coluna **Informe JB** e sugere que eu apresente informes sobre acidentes totalmente inesperados, como se possuísse o dom de perscrutar o imperscrutável.

Propalar, como infere o **Informe JB**, antes de os fatos serem examinados, acusar, seja Governo Federal, Estadual ou ainda mais fácil os denodados empregados operadores desta instituição, seria uma maneira hábil e desleal de acobertar-me fugindo não só à responsabilidade administrativa como também à verdade.

Precipitar-me levianamente acobertando-me em acusações veladas, sem base, como parece desejar esse **Informe JB**, não faz parte de[1] meu caráter e da tradição de um nome que sei honrar.

O Metrô, sob minha presidência, só dará informações ao público quando tiver os fatos perfeitamente esclarecidos, a fim de a ninguém injustiçar, prática irresponsável tão comum nos dias em que vivemos. Todos os meus amigos, e os possuo também dentro desse jornal, são testemunhas de que, ao aceitar o convite do Governador Leonel Brizola,[2] me dispus a trabalhar transformando minha condição de empresário, independentemente do sacrifício monetário que esse ato acarretaria em minha vida e a dos meus.

No entanto,[3] acredito só poder corresponder ao honroso convite, à função que exerço e ao salário que o **Informe JB** alude, se souber colocar-me, como presidente do Metrô, com ponderação, acima do desejo de aparecer por

---

[1] **fazer parte de** to be a part of.

[2] Leftish and highly controversial governor of the state of Rio de Janeiro and long-time political figure in Brazil.

[3] **no entanto** nevertheless.

aparecer[4] com declarações injustificadas, sem base e principalmente, repito, precipitadas.

[signed] Oswaldo G. Aranha, presidente do Metrô—Rio de Janeiro

[*Jornal do Brasil*, Rio de Janeiro, 12 de janeiro 1984]

Vocabulary

ação *f.* action, activity
acarretar *v.* cause
aceitar *v.* accept, receive
acobertar *v.* cover, hide, disguise, protect
acreditar *v.* credit, sanction, believe
acusação *f.* charge, prosecution
aludir *v.* mention, hint
aparecer *v.* appear, emerge, begin, arise, happen
ato *m.* act, action
colocar *v.* place, put
coluna *f.* newspaper section, column
convite *m.* invitation
corresponder *v.* reply, satisfy, correspond
denodado *adj.* bold, courageous
desejar *v.* wish, want
desleal *adj.* disloyal, false, dishonest
dispor *v.* predispose, make available
dom *m.* talent, qualification, gift
empregado *m.* employee
empresário *m.* entrepreneur
entanto *adv.* meanwhile, meantime
esclarecer *v.* clarify, clear
estadual *adj.* pertaining to a state
exercer *v.* carry out, pursue
fato *m.* fact, event, truth
fugir *v.* flee, escape

função *f.* office, profession, activity
governador *m.* governor
hábil *adj.* apt, ingenious, clever
honrar *v.* respect, honor, believe in
honroso *adj.* honorable
imperscrutável *adj.* inscrutable, unfathomable
inesperado *adj.* unforeseen, sudden, surprising, accidental
inferir *v.* infer, imply, conclude
injustiçar *v.* cause harm to, do wrong to
leviano *adj.* inconsiderate, frivolous
Metrô *m.* subway
monetário *adj.* monetary
perscrutar *v.* scrutinize, fathom
ponderação *f.* deliberation
possuir *v.* possess
precipitação *f.* hasty or precipitate action
precipitar *v.* act without thinking, hasten, hurry
propalar *v.* divulge, let out
salário *m.* wages, pay
suelto *m.* lead article, editorial
sugerir *v.* suggest
testemunha *f.* witness
velar *v.* veil, hide

---

[4] **aparecer por aparecer** to show up just for the sake of showing up.

24 / Hoje tem espetáculo *Roberto Drummond*

 Venham, venham todos: hoje tem espetáculo no Gran Circo Brasil. Neste exato momento, respeitável público, um anão vai se exibir num quarteirão fechado. Ele está nu da cintura para cima e se ajoelha diante de um monte de cacos de vidro.

Uma multidão vai fechando um círculo em volta do anão.

Olhem só como todos estão felizes de ver o anão!

O operário-salário-mínimo olha para o anão e pensa:—Este está pior do que eu. E sorri.

A moça que seria bonita se pudesse dar um trato[1] no cabelo também pensa (e também sorri):—Meu Deus, eu até que, me comparando com o anão, estou numa boa...

O homem de quem a inflação engole os ganhos mensais e os próprios sonhos, parece agradecer aos céus a visão daquele anão.

O anão é um mestre do suspense: conta até 20, antes de anunciar o que vai fazer com o caco de vidro, aí recomeça a contar, a multidão se impacienta, e fica no ar, nesta tarde de agosto no Brasil, uma pergunta: o anão vai engolir o caco de vidro?

—Ele vai engolir, menina—diz uma moça, muito excitada, à amiga.

—Está vendo—fala um senhor magro para o filho—não te disse que ele ia engolir?

O anão faz mais suspense. A multidão agora se impacienta de verdade, começam os gritos:

—Engole! Engole! Engole!

O anão conta até 20: ele vai, enfim, engolir os cacos de vidro, como o almoço que ele ainda não comeu? Antes, ele avisa que todos podem jogar moedas e notas para este artista do povo, que toda contribuição será bem-vinda. A multidão explode:

—Engole! Engole! Engole!

E, é então que o anão começa a saltar com o peito nu sobre os cacos de vidro. Há um murmúrio de decepção em volta dele, alguém puxa uma vaia, e

---

[1] **dar um trato** improve.

recomeçam os gritos de: Engole! Engole! Engole! E quanto mais a multidão grita, mais o anão salta em cima dos cacos de vidro, até um ponto em que seu peito nu começa a sangrar.

—Engole! Saltar não vale! Engole! Engole! Saltar no vidro não vale!

Eis que o anão se levanta de cima dos cacos de vidro: o peito nu está sangrando, parte do rosto também sangra, e as vaias aumentam, enquanto gritam:

—Engole! Chantagista! Engole o vidro, chantagista!

Dramático,[2] como se vivesse uma tragédia grega transplantada para os trópicos, o anão pega o chapeu, onde não caiu nenhuma moeda, nenhuma nota, e começa a falar, entre as vaias e gritos:

—Meus irmãos! Eu sou um artista...

Uuuuh, vaiam, engole o caco de vidro, gritam, chantagista!

Lá debaixo, o anão encara aquele povo que grita e vaia:

Meus irmãos!

Alguém atira uma pedra e os gritos prosseguem:

—Engole! Engole! Engole!

A multidão está furiosa com o anão, parece que ele é o culpado pela inflação, pelo aumento da prestação do BNH,[3] pelo medo, pela insegurança, por tudo. Mas, quando a fúria popular aumenta, o anão grita:

—Vou chamar o soldado! Vou chamar o soldado e vocês vão ver!

Êta povo criança:[4] basta o anão falar que vai chamar o soldado para a multidão se dispersar, como no tempo de menino em que todos nós, no Brasil, tínhamos medo do soldado da esquina. Enquanto isso, sozinho[5] no quarteirão fechado, o anão tem uma crise de choro, e não aparece ninguém para falar com ele: Não chora não, irmãozinho, esse povo é bom e um dia vai crescer, você vai ver!

[*Folha de São Paulo*, 10 de agosto 1983]

Vocabulary

agradecer *v.* thank	**aumentar** *v.* increase, amplify
ajoelhar *v.* kneel	**aumento** *m.* increase
anão *m.* dwarf	**bastar** *v.* be enough
atirar *v.* throw	**bem-vindo** *adj.* welcome

---

[2] Here **dramático** is being used adverbially, despite its ending.

[3] **Banco Nacional de Habitação.**

[4] What a childlike nation!

[5] For an example of traditional spelling of **sozinho** written with ò: **sòzinho**, see item 28, page 58.

caco *m.* shard, fragment

chantagista *f. and m.* blackmailer, extortionist

cima *f.* top, summit; **para cima** upwards

cintura *f.* waist

crescer *v.* grow, grow up

culpar *v.* blame, accuse, charge with

debaixo *adv.* under, beneath, below

diante *adv.* before, in front; **diante de** before, in front of

encarar *v.* face, stare at

engolir *v.* swallow

enquanto *conj.* while

esquina *f.* corner, angle

êta *interj.* what a...!

fúria *f.* fury, frenzy

ganho *m.* earnings, profit

gran *(Spn.)* form of **grande**

grego *adj.* Greek

gritar *v.* shout

grito *m.* shout

impacientar *v.* grow impatient

insegurança *f.* insecurity

jogar *v.* throw

levantar *v.* lift, raise

magro *adj.* lean, thin

mensal *adj.* monthly

mestre *m.* master

moeda *f.* coin

monte *m.* hill, pile

multidão *f.* multitude

nu *adj.* naked, bare

operário-salário-mínimo *m.* minimum-wage worker

pedra *f.* stone, pebble

pegar *v.* pick up

peito *m.* chest

prestação *f.* installment, installment payment

próprio *adj.* private, proper to, fit

prosseguir *v.* follow, continue, proceed

público *m.* audience

puxar *v.* pull, result in, start up

quarteirão *m.* city block, square

respeitável *adj.* respectable, honorable

rosto *m.* face

saltar *v.* jump

sangrar *v.* bleed

soldado *m.* soldier

sonho *m.* dream

sozinho *adj.* alone, lonely

trato *m.* treatment

vaia *f.* jeer, scoff

vaiar *v.* jeer, scoff

vidro *m.* glass

volta *f.* turn, return; **em volta de** *prep.* around

25 / Finep   *Carta*

A Financiadora de Estudos e Projetos—Finep a propósito das[1] notas publicadas na Coluna **Zózimo**[2] nos dias 7 e 9 correntes, sente-se na obrigação de prestar os seguintes esclarecimentos ao *Jornal do Brasil.*

O evento realizado no dia 05/8 foi o tradicional almoço, anual, de confraternização dos funcionários na oportunidade do aniversário da entidade.

---

[1] **a propósito de** concerning.

[2] **Zózimo** is the name of a regular columnist.

Este almoço constou de um churrasco com chope e refrigerantes, sendo esta uma prática que se verifica em muitas organizações do setor privado e público. Neste ano o evento realizou-se em um dos salões da Churrascaria Gaúcha³, sem caráter de exclusividade, sendo certo que nesta mesma ocasião outros grupos ocupavam as demais dependências do restaurante.

[signed] José Gomes de Almeida Netto, Diretor da Finep—Rio de Janeiro

[*Jornal do Brasil*, Rio de Janeiro, 11 de agosto 1983]

Vocabulary

churrascaria *f.* Brazilian grilled-meat restaurant

churrasco *m.* grilled meat, barbecue

coluna *f.* newspaper section, column

confraternização *f.* brotherhood

constar *v.* consist of

corrente *adj.* current, of the current month

dependência *f.* area of a building, annex, dependency, part of an organization

entidade *f.* entity, organization

esclarecimento *m.* clarification

financiadora *f.* financial office

funcionário *m.* employee

gaúcho *adj.* pertaining to the state of Rio Grande do Sul or southern Brazil generally

prestar *v.* render, aid

privado *adj.* private, deprived

propósito *m.* purpose, intention

realizar-se *v.* take place

refrigerante *m.* soft drink

seguinte *adj.* following

setor *m.* sector

verificar-se *v.* prove true, take place

---

³ **gaúcho** refers to the inhabitants of the plains of southern Brazil (and Argentina) and to cattle herders.

26 / O dólar ficou louco   *Abelardo Jurema*

 A expressão "louco de amor" tem o seu sentido grandioso. A absorção total de um ser humano por outro, é a loucura do amor. Assim, quando "Le Matin", de Paris, na sua primeira página dá como manchete "O dólar ficou louco"...em seqüência explica construtivamente que "o dólar está explodindo porque os americanos estão em boa forma.¹ Como uma pessoa de boa saúde tem o riso fácil e o olhar brilhante também um país cuja economia inspira confiança tem sua moeda forte".

---

¹ This enthusiastic article was written when the American dollar was riding high on world currency markets and the Brazilians were in a trough of despair over their own economy.

Quando poderemos aqui pelo Brasil ter este "riso fácil e o olhar brilhante" por muito tempo. Diz a imprensa, que durante todos os anos 70, o dólar valia 4 francos e pouco. Hoje, está para cima de 8 francos. O duplo do que era... Na Alemanha também duplicou e igualmente no Japão. A alta do dólar é irreprimível e ainda é a imprensa internacional que informa que os bancos centrais dos Estados Unidos, Japão, Alemanha Ocidental e Suíça, estão intervindo no mercado de câmbio para deter esta alta do dólar, que, nos últimos quatro dias, tumultuou os mercados europeus.

Confesso que quando trabalhava no Peru, na área do dólar, recebendo minhas comissões pela venda para os mercados do mundo, de farinha de peixe, harina pescado,[2] tudo no papel verdinho,[3] sentia-me o homem mais seguro do mundo, apesar de exilado. Ainda me recordo que o meu filho Oswaldo Jurema, havia me mandado um pacote de promissórias para avalizar[4] com as quais, na rinque financeira iria obter recursos para a compra de um Wolkswagem zero quilômetro,[5] alegando que estava se formando em Direito naquele ano e precisava apresentar "status" definitivo, chamei o meu amigo José Aurélio Guedes que me visitava, vindo de muito longe e fui lhe dizendo:

"Seu Zé, estão aqui dez mil dólares que ganhei num embarque de farinha de peixe. Waldo ainda é um jovem inexperiente. Leve para o Brasil, compre à vista[6] um Wolks e com o saldo veja o que dona Vaninha precisa para a sua casa".

Dito e feito, os dólares deram para comprar um carro zerinho,[7] uma máquina de lavar roupa, uma televisão e uma enceradeira.

Viajei com o meu amigo, empresário Geraldo Motta, por parte da Europa e norte da África. Só e só com dólares nos bolsos. Não faltou nada. Até engraxate pagávamos com dólares e tínhamos troco. Era a moeda fortíssima a correr fundos e mundos...[8]

Aqui pelas nossas terras o dólar no paralelo[9] está na casa dos mil cruzeiros e no oficial[10] atinge seiscentos e poucos cruzeiros. E a tendência é o oficial

---

[2] **harina pescado** is Spanish for **farinha de peixe.**

[3] **papel verdinho** 'green' (US) money.

[4] **para avalizar** as security.

[5] **zero quilômetro** a brand-new car.

[6] **comprar à vista** buy for cash.

[7] **zerinho = zero quilômetro.**

[8] **fundos e mundos** This usually occurs as **mundos e fundos**; it means 'all over.'

[9] **paralelo** is short for **mercado paralelo**, a polite way of saying the black market in currency. But it should be noted that both rates (parallel and official) are published in the daily papers.

[10] **oficial** the official or non-black market in currency.

ultrapassar a casa dos mil e o paralelo subir para as cacuais...[11]
Na verdade, os Estados Unidos espantam o mundo. Na produção. Na
tecnologia. Na industrialização. Na força armada. No dólar.

É comando[12] e liderança para mais de meio século ainda pois não há
perspectivas de qualquer outra potência ou superpotência como a União
Soviética, barrar-lhes o caminho.

O dólar está louco sem dúvida pela loucura construtiva dos americanos.

[*O Norte*, João Pessoa, 7 de agosto 1983]

Vocabulary

alegar *v.* allege, quote
Alemanha *f.* Germany
apesar de *prep.* notwithstanding, despite
armar *v.* arm, fortify
atingir *v.* reach
avalizar *v.* guarantee, give moral support
barrar *v.* bar, obstruct
câmbio *m.* exchange, change
caminho *m.* way, means, road
cima *f.* top, summit
comprar *v.* buy
confiança *f.* confidence, reliance, credit, hope
deter *v.* retard, detain, retain
embarque *m.* shipment
empresário *m.* manager, entrepreneur
enceradeira *f.* floor polisher
engraxate *m.* shoeshine boy
espantar *v.* astonish, frighten
farinha *f.* flour, meal
financeiro *adj.* financial
formar-se *v.* study for a degree, graduate
franco *m.* franc (French currency)
ganhar *v.* win, earn, gain
grandioso *adj.* magnificent, grand, imposing
imprensa *f.* the Press
inexperiente *adj.* inexperienced
intervir *v.* take part in, interfere

irreprimível *adj.* irrepressible, uncontrollable
levar *v.* transport, carry
liderança *f.* leadership
loucura *f.* madness
manchete *f.* headline
mercado *m.* market
obter *v.* obtain, attain, get
pacote *m.* package, packet
peixe *m.* fish
potência *f.* power
precisar *v.* need, want, compel, require
promissória *f.* promissory note
recordar *v.* remember, remind
recurso *m.* resource, recourse, resort
rinque *f.* arena, rink
saldo *m.* remainder, payment, balance
saúde *f.* health
século *m.* century
seu *colloq. for* **senhor**
Suiça *f.* Switzerland
troco *m.* change
tumultuar *v.* cause a tumult
ultrapassar *v.* go beyond, exceed
venda *f.* sale
Wolks, Wolkswagem *m.* Volkswagen
Zé *contr. of* **José**

---

[11] **para as cacuais** out of sight.

[12] **É comando** It has been (in a position of) command.

27 / Os mendigos dão esmolas   *F. Pereira Nóbrega*

 Por favor, senhores, historiadores, registrem essa para a posteridade: em 1983, depois de cinco anos consecutivos de secas, sem qualquer ajuda séria do governo federal, os nordestinos tiveram pena dos[1] sulistas mais do que de si próprios. Mandaram roupas e alimentos para minorar a desgraça, de alguns dias, de seus irmãos sulistas, flagelados pelas inundações.[2]

O resto não registrem. Na História só pode constar o que o aluno, aprendendo, não se envergonha de sua Pátria. Não digam que os paranaenses ficaram tão embaraçados, que devolveram os donativos aos paraibanos, certos de que nos falta qualquer senso crítico. Não digam por que, no Nordeste, os mendigos resolveram dar esmolas. A propaganda na TV foi tão perfeita que até as pedras se comoveram. Não digam por que do Sul se lembraram apressados, do Nordeste continuam esquecidos. Mas nos textos da campanha lerão os pesquisadores de amanhã: "vamos recuperar a economia do Sul". Não há economia a se recuperar no Nordeste, não faz sentido ele ser acudido. É peso morto na economia nacional. Que o deserto enterre o deserto. Não se trata de salvar gente mas dinheiro.

Como a Atlântida,[3] os sertões[4] são o continente perdido. Na sua miséria multisecular, ninguém o vê, ninguém o acha. Nem é sequer procurado. Do litoral

---

[1] **ter pena de** feel sorry for.

[2] Pereira Nóbrega is obviously an angry man; see also his *Perfil da Cidade Mirim* in this book. When this crônica was written the northeast of Brazil, periodically subject to long droughts, had experienced five years of very serious drought. At the same time, in the far richer southern extreme of Brazil, winter rains had caused serious flooding.

[3] Atlantis, the lost city.

[4] The **sertão** is the name for the interior of the northeast, the extremely poor region, which suffers frequent serious droughts.

do Ceará (onde a seca chegou[5]) até Januária,[6] esse continente ignorado, mede, em linha reta, 1.500 quilômetros de sertões. Ninguém o enxerga, ninguém o acode. Neste quinto ano de seca, são mais de 1 milhão e 500 mil quilômetros quadrados, de miséria, de fome. É chão do tamanho de 23 Holandas ou de 27 Bélgicas. São mais de mil municípios em emergência decretada. Só na Paraíba são 170 mil famílias, nas frentes de trabalho,[7] as felizardas porque ao menos isso têm. Outros emigraram para curtir a fome nas cidades maiores. Em Recife são quase 400 mil desempregados. Nesse continente, quase mito, o desprezo se fez pirata e o naufragou. Sob a bandeira da fome, essa é a Atlântida perdida no mar da insensibilidade política.

Na universidade me procuraram. Era a campanha de 1% de nossos salários para as vítimas do Sul. Chamem de altruismo mas chega a ser insulto. O governo estadual não consegue pagar em dias os que têm a sorte do emprego. A maior fome do século transbordou aqui, as margens do suportável. Inundou nossas ruas, sepultou nossos lares, apagou nossas cidades. O ex-ministro Portela diria: os sulistas estão, os nordestinos são flagelados. E não ouço campanha contra a chuva que não veio. Ouço apenas o silêncio dos governadores, na Sudene,[8] protestando contra a insensibilidade federal. No apelo pró sulistas, não ouço sequer a preocupação pelo ser humano. A área federal dispensa 50 bilhões de cruzeiros—sabe para que. Para "recuperar a economia do Sul". Este país está convicto de que tem gente muita e dinheiro pouco. Até se alegra se parte morrer nalguma hecatombe. Ajuda a cumprir a promessa, que fez ao FMI,[9] de diminuir a população. Ajuda a consagrar o slogan que ainda se envergonha de proclamar. Isso será mais Brasil se houver menos brasileiros. E ainda me pedem 1% de meu salário para essa causa?

Esperem! Não me peçam dinheiro para o Sul não perturbem meu sonho. Sim, porque tive um sonho. Vi a Atlântida ressurgindo das profundezas do Mar do Esquecimento. É um mar que não existe na Geografia mas na História. Nele estão registrados dezenas de secas e quatro séculos de erros contra os sertões. Como dos cemitérios se levantando os mortos na ressureição da carne, assim eu vi o continente perdido, de pé sobre suas ossadas, dizendo: basta? Não somos os

---

[5] It is unusual for the coastal region of the northeast to experience drought; the area usually has good rainfall, even when the sertão is very dry.

[6] Januária, in northern Minas Gerais, is a small city and port on the Rio São Francisco.

[7] **nas frentes de trabalho** refers to everyone working together at the same task, such as (during the drought in the northeast) digging water reservoirs.

[8] Acronym for the **Superintendência do Desenvolvimento do Nordeste**, the federal agency responsible for development of the perenially underdeveloped northeast of Brazil.

[9] **Fundo Monetário Internacional** International Monetary Fund. The IMF has supervised large loans to Brazil, and at this time was insisting on certain changes in the Brazilian economy which it was felt would cause extreme short-term hardship.

brasileiros, somos os esquecidos. A maior desgraça do Polígono[10] maldito não é depender de chuvas, é depender do Brasil.

[*O Norte*, João Pessoa, 7 de agosto 1983]

Vocabulary

acudir *v.* assist, help, flock to

alegrar *v.* cheer, gladden

alimento *m.* food, nourishment

apagar *v.* wipe out, put out, extinguish

apelo *m.* appeal

apenas *adv.* scarcely, hardly

bandeira *f.* flag, banner

Bélgica *f.* Belgium

bilhão *m.* billion

campanha *f.* campaign

chão *m.* ground, soil

comover *v.* disturb, move, touch

consagrar *v.* consecrate, dedicate

conseguir *v.* obtain, succeed in

convencer *v.* convince

cruzeiro *m.* cruzeiro, Brazilian currency from 1942 until 1986

cumprir *v.* accomplish, fulfill, perform

curtir *v.* suffer

decretar *v.* decree

desempregado *m.* unemployed person

desgraça *f.* disgrace, misfortune, affliction, accident

desprezo *m.* contempt, scorn, carelessness

devolver *v.* return

dezena *f.* "dozen", a group of ten

dispensar *v.* dispense, distribute, exempt, release, excuse, bestow

donativo *m.* donation, gift, present

embaraçar *v.* embarrass

emprego *m.* job, employment

enterrar *v.* bury

envergonhar *v.* shame

enxergar *v.* discern, distinguish

esmola *f.* alms, charity

esquecimento *m.* forgetfulness

estadual *adj.* pertaining to a state in Brazil

felizardo *adj.* lucky

flagelar *v.* scourge

governador *m.* governor

hecatombe *f.* hecatomb, human or animal sacrifice

historiador *m.* historian, historiographer

ignorar *v.* be ignorant of, ignore

lar *m.* hearth, fireplace, home

levantar *v.* raise, lift

litoral *m.* coast

maldizer *v.* curse

margem *f.* margin, border

medir *v.* measure

mendigo *m.* beggar

minorar *v.* lessen, diminish

mito *m.* myth

multisecular *adj.* multisecular, widespread

naufragar *v.* shipwreck

nordestino *m.* person from the northeast of Brazil

ossada *f.* skeleton, mortal remains, heap of bones, carcass

paraibano *adj.* pertaining to the state of Paraíba

paranaense *adj.* pertaining to the state of Paraná

pátria *f.* fatherland, native country, home

---

[10] The **Polígono da Seca**, the 'polygon of drought', is the region of northeastern Brazil subject to periodic long droughts.

pedra *f.* stone, gravel
perturbar *v.* disturb
peso *m.* weight
pesquisador *m.* researcher
pró *prep.* pro, in favor of
procurar *v.* look for, try
profundeza *f.* profundity, depth
promessa *f.* promise, vow, pledge
quadrar *v.* square
ressurgir *v.* revive, reappear
reto *adj.* straight, right
salário *m.* wages, pay
salvar *v.* save, rescue

seca *f.* drought
século *m.* century
sepultar *v.* hide, bury
sequer *adv.* even, at least
sonho *m.* dream
sulista *adj.* pertaining to the southern part of
 Brasil
suportável *adj.* tolerable
tamanho *m.* size
transbordar *v.* overflow, spill over,
 inundate
tratar *v.* deal with, treat, handle
vítima *f.* victim

2⁴

28 / As aves que aqui já não gorjeiam mais   *Roberto Drummond*

 Pois é, por onde eu vou, aqui e ali, perguntam onde andam os colibris, os sabiás, os currupiões, as cotovias, os canários de cabeça cor de aurora e, até mesmo, as mulheres-pássaros que povoavam as páginas dos cronistas de outros tempos.

Ah, o que foi feito do canto da cotovia?

Que foi feito do cavalo fulvo na estrada Rio-Petrópolis?[1]

E da amante, mistura de bailarina e musa, que foi feito dela?

Eu podia responder:

—O FMI[2] bebeu ...

Ou:

—A inflação devorou ...

Mas não quero ser acusado de má vontade. Mesmo porque, eu sou sensível a esta queixa que me fazem:

—Vocês, os cronistas de agora, perderam o lirismo, trocaram a cotovia pelo FMI ...

Assim sendo, achei que me faria bem possuir um canário de cabeça rubra como a aurora. Comprei um, pagando uma fortuna, e pendurei na minha janela que dá para a rua. Mas vejam o meu dissabor: ele mal começou a cantar, quando uma passeata de ecologistas, entre os quais reconheci minha filha de 11 anos,

---

[1] The highway between Rio and Petrópolis is narrow, winding, and dangerous and heavily used by commuters.

[2] International Monetary Fund.

parou debaixo de minha janela, aos gritos de "liberdade para os pássaros". Tentei explicar que sou um cronista e precisava daquele passarinho, para que ele abrisse suas asas e seu canto sobre o que escrevo. Mas, lá de baixo, os gritos entoaram em coro:—"Solta! Solta! Solta!" E eu abri a porta da gaiola e meu canário de cabeça da cor do passaporte de Maiacóvski voou sob aplausos.

Achei que não devia desistir. E, naquele mesmo dia da minha desventura com os ecologistas, procurei o dono de um bar que tinha um sabiá cujo canto competia com Jagger, Chico, Simone, Caetano, Milton, Gonzaguinha, Gal e Roberto Carlos[3] nas vizinhanças.

—Cadê o sabiá?—perguntei.

—Não soube o que aconteceu com o pobrezinho?—disse, muito sentido, seu ex-dono. —Aqueles pivetes sem coração fizeram galeto do coitado ...

Diante disso tudo, achei melhor tentar localizar uma mulher-pássaro. Perguntei nas esquinas, nos bares, nas praças, nas boates, e me disseram que em Belo Horizonte havia uma moça, de fulvos cabelos,[4] olhos cor de miosótis e andar de bailarina, que, a um simples sorriso, instaura a festa no Brasil.

—Quando ela ri—explicaram—você esquece a inflação, o custo de vida, esquece o FMI e tudo, e o Brasil se transforma num país lindo ...

Bom, para dar a boa nova a vocês, postei-me numa esquina, estrategicamente à espera. E eis que a moça-pássaro surgiu, bela, loura, perfumada e, quando ela sorriu, o Brasil se afastou da beira do abismo. Já no seu segundo sorriso, tudo ganhou um ar provisório.

O Dr. Delfim[5] ganhou um ar provisório.

O FMI se tornou provisório e provisórias ficaram a inflação, a desesperança, a incerteza, o medo e a dívida externa etc.

Ah, e o Brasil passou a ser possível.

Então achei que, naquela moça mineira, estava a esperança do Brasil. E julguei de bom aviso mandar este recado ao presidente em exercício, Aureliano Chaves[6], para resolver as angústias da Pátria: Excelência! Forme com urgência uma rede nacional de televisão e coloque para sorrir, para os brasileiros do Oiapoque ao Chuí,[7] uma moça mineira de cabelos fulvos e olhos cor de miosótis como nas crônicas de antigamente, que ao sorriso dela o Brasil vai dançar e cantar, e ficará em todos nós uma sensação de que somos incurável e

---

[3] All of these people are musicians well-known in Brazil.

[4] Note that **fulvos** occurs here before its noun; some writers consider this position of the adjective more poetic.

[5] Delfim Neto (or Netto), Antônio (1928-), Brazilian economist and controversial Minister of Finance from 1967-74.

[6] Chaves was acting President of Brazil while President Figueiredo was in Cleveland, Ohio, having heart surgery.

[7] **do Oiapoque ao Chuí** from the extreme north to the extreme south.

perfeitamente[8] felizes, como sonhavam os cronistas que eram irmãos dos sabiás e dos colibris.

[*Folha de São Paulo*, Ilustrada, 17 de agosto 1983]

---

[8] Both **incurável** and **perfeitamente** are adverbs here. When two adverbs come together in Brazilian Portuguese and both would normally end in **-mente**, the tendency is to omit the first **-mente**, especially from rather long words.

2⁵

Canção do Exílio

Minha terra tem palmeiras,
Onde canta o Sabiá;
As aves que aqui gorjeiam,
Não gorjeiam como lá.

Nosso céu tem mais estrêlas,
Nossas várzeas têm mais flôres,
Nossos bosques têm mais vida,
Nossa vida mais amôres.

Em cismar, sòzinho*, à noite,
Mais prazer encontro eu lá;
Minha terra tem palmeiras
Onde canta o Sabiá.

Minha terra tem primores,
Que tais não encontro eu cá;
Em cismar—sòzinho*, à noite—
Mais prazer encontro eu lá;
Minha terra tem palmeiras,
Onde canta o Sabiá.

Não permita Deus que eu morra,
Sem que eu volte para lá;
Sem que desfrute os primores
 Que não encontro por cá:
Sem q'inda aviste as palmeiras
Onde canta o Sabiá.

Gonçalves Dias (1823-64), a Brazilian poet, wrote this poem about his home-sickness while studying in Portugal.

---

* This old poem demonstrates the old use of the grave accent on **sòzinho**. Note also the circumflexes on **estrêlas** and **flôres**.

Vocabulary

abismo *m.* abyss, chasm

afastar *v.* remove, move away from

angústia *f.* anguish, agony, sorrow

asa *f.* wing, handle

aurora *f.* dawn

ave *f.* bird

bailarina *f.* dancer, ballerina

baixo *adj.* low; debaixo *adv.* down

beira *f.* brink, edge

boate *f.* nightclub

cadê Brazilian expression for 'where is...?'

coitado *adj.* poor, wretched

coitado *m.* poor fellow; c. de X poor X!

colibri *m.* hummingbird

colocar *v.* put, set

coro *m.* chorus

cotovia *f.* lark

cronista *f. and m.* writer of crônicas

currupião *m.* oriole

custo *m.* cost

debaixo de *prep.* underneath

desesperança *f.* despair, hopelessness

desventura *f.* misfortune

devorar *v.* devour, eat up

diante de *prep.* in the face of, considering

dissabor *m.* annoyance, nuisance

dívida *f.* debt

dono *m.* proprietor

entoar *v.* intone

espera *f.* waiting, expectation

esquina *f.* corner

estrada *f.* road, highway

Excelência *f. and m.* Excellency (a form of address)

exercício *m.* exercise; presidente em e. acting president

fulvo *adj.* tawny

gaiola *f.* cage

galeto *m.* small chicken (suitable for barbecue)

ganhar *v.* gain

gorjear *v.* warble, sing, chirp

grito *m.* shout

incerteza *f.* uncertainty, doubt

instaurar *v.* renew, restore

julgar *v.* judge, think, suppose

lirismo *m.* lyricism

louro *adj.* yellow, blonde, fair-haired

mineiro *adj.* pertaining to the state of Minas Gerais

miosótis *f.* forget-me-not

musa *f.* muse

pátria *f.* fatherland

passeata *f.* public protest parade

passar a ser *v.* become

pendurar *v.* hang

pivete *m.* child thief, juvenile delinquent

possuir *v.* possess

postar *v.* post, station

povoar *v.* populate

precisar *v.* need (+ de with noun)

procurar *v.* look for

provisório *adj.* provisional, temporary, interim

queixa *f.* complaint

recado *m.* message, errand

reconhecer *v.* recognize, admit

rede *f.* network

rubro *adj.* red, ruddy

sabiá *m.* song thrush

sensível *adj.* tender, touchy

sentir *v.* be sorry, suffer

soltar *v.* let loose

surgir *v.* appear, emerge

tentar *v.* try, tempt, attract

tornar-se *v.* become

trocar *v.* exchange, replace

vizinhança *f.* neighborhood

vontade *f.* will

29 / Bom exemplo   *Carta*

 Passando pela Rua General Artigas, no Leblon, vi uma senhora, de cabeça branca, abaixar-se e limpar, com uma folha de jornal, o local onde seu cachorrinho acabara de sujar. Seria maravilhoso se todos que levam cachorros às ruas imitassem esse gesto. Aproveito para dar meus parabéns ao Prefeito, pelas medidas que pretende tomar.

[signed] L. Cardoso—Rio de Janeiro

[*Jornal do Brasil*, Rio de Janeiro, 4 de janeiro 1984]

Vocabulary

abaixar-se *v.* stoop over	**local** *m.* place
acabar *v.* finish	**medida** *f.* means, measure
aproveitar *v.* take advantage of, enjoy	**parabéns** *m. pl.* congratulations
gesto *m.* gesture, action	**prefeito** *m.* prefect, mayor, chief magistrate
levar *v.* take, lead	**pretender** *v.* intend
limpar *v.* clean (up)	**sujar** *v.* soil, defecate

30 / Controle de animais   *Carta*

 Mais uma vez discute-se o problema de cães nas ruas. A Sociedade Zoófila Educativa—Sozed—em várias ocasiões contactou a Prefeitura do Rio de Janeiro com a finalidade de colaborar com as autoridades na profilaxia de raiva. O objetivo da Sozed é diminuir o número de excedentes de animais que constituem um risco para a população quando não cuidados e vacinados e orientar donos de animais e crianças na prevenção de acidentes com os mesmos. (...)

Esperamos que o novo Prefeito, que considera o principal problema a sujeira deixada pelos cães nas calçadas, também se sensibilize com a profilaxia da raiva e dinamize a aplicação do anticoncepcional que iniciamos e que é o único processo exeqüível pelo baixo custo e praticidade.(...)

Quanto ao cadastro de cães, a antiga **plaquinha**, além de ser exigido[1] por lei (e não observada) acreditamos ser benéfico para individualizar o cão, diferenciá-lo do não vacinado e reconduzi-lo ao dono quando se perde.

[signed] Dra. Claudia H. Dunin,
presidente da Sociedade Zoófila Educativa—Rio de Janeiro

[*Jornal do Brasil*, Rio de Janeiro, 3 de janeiro 1984]

Vocabulary

anticoncepcional *m.* contraceptive
aplicação *f.* utilization, usage
benéfico *adj.* beneficial, useful
cadastro *m.* register, census
calçada *f.* sidewalk
custo *m.* cost
dinamizar *v.* promote, stimulate
discutir *v.* discuss
dono *m.* owner
excedente *adj.* surplus, exceeding
exeqüível *adj.* workable, possible
exigir *v.* demand, require
individualizar *v.* identify

orientar *v.* guide, direct, orient
plaquinha *f.* dog-license tag
praticidade *f.* practicality
prefeitura *f.* city hall
processo *m.* method, procedure
profilaxia *f.* prophylaxis, prevention, preventive medicine
raiva *f.* rabies
reconduzir *v.* return
sensibilizar *v.* make aware of
sujeira *f.* dirt, mess
único *adj.* only
zoófilo *adj.* animal-loving

---

[1] Note that **exigido** is masculine, although it refers to **plaquinha**; also **benéfico** in the next line.

27

31 / Catedral de Brasília   *Carta*

 Surgem crônicas na imprensa sobre a catedral que não correspondem à verdade. A impressão deixada pelos comentários oferece uma imagem falseada. A nossa preocupação é dar, por dever de ofício, um esclarecimento autêntico sobre o zelo com que temos tratado o Monumental Patrimônio Artístico.

Nada se fez, até hoje, da parte da Cúria e da administração da catedral senão cuidar carinhosamente pela sua manutenção e conservação. As inúmeras pessoas que visitam a catedral devem observar a grandiosidade da obra que ainda está inacabada e exigindo, por isso mesmo, de todos, o máximo interesse pela sua plena conclusão. A crítica negativa e fácil e, muitas vezes, apressada só contribui para o desprestígio e desinteresse da grande realização. É coisa simples criticar, a torto e a direito[1], sem oferecer qualquer subsídio construtivo.

A catedral tem recebido, nestes últimos anos, relevantes melhoramentos e, dentre eles, podemos destacar a construção do campanário, da sacristia, do gabinete da administração, dos sanitários, a conclusão da capela do batismo, a aquisição de móveis e alfaias de primeira qualidade, bem como[2] a montagem de um moderno serviço de som, a restauração da iluminação interna etc. No pátio externo foram construidos os jardins circundando o túnel de entrada e a balaustrada da rampa central. Aquelas áreas ofereciam ocasião para graves acidentes porque não davam nenhuma proteção aos pedestres durante o dia e, muito menos, à noite, por absoluta falta de iluminação.

Fizemos ainda, graças à[3] ajuda do governo do Distrito Federal, a iluminação do lago que circunda a catedral para maior destaque da sua silhueta à noite. Mas, infelizmente, o que ocorre com freqüência, um elemento desajustado[4] já depredou 12 luminárias de alto custo e, não satisfeito, quebrou quatro vidros da cobertura. Todas as providências da administração da catedral se tornam inócuas porque o depredador é detido e, no outro dia, está solto e volta com mais vontade de quebrar. Para que se tenha uma idéia da dificuldade de reposição dos vidros quebrados, é bom que se diga que todos eles são Blindex temperados com bronze, de fabricação da Santa Marina, em São Paulo e, além do alto preço de custo, a fábrica suspendeu a fabricação desse tipo de vidro, só atendendo pedidos num prazo de cinco meses.

Como se vê, a manutenção de um monumento tradicional como o nosso, com uma cobertura de 800 metros quadrados de vidro, requer uma proteção permanente de caráter policial, dada a excessiva freqüência de pessoas de todos os tipos na área, da nossa parte temos dado atenção escrupulosa e fidalga a todos os órgãos públicos e solicitado através de ofícios, melhoramentos e, entre esses, a iluminação da parte-externa.

Quanto ao patrimônio histórico, temos dirigido ofícios salientando colaboração e, da nossa parte, jamais faltamos, com o espírito aberto, ao diálogo e à colaboração. Ainda, para conhecimento da opinião pública, há vários anos, com o apoio dos Exmos. Srs. Arcebispos e do Bispo Auxiliar, estamos promovendo os maiores esforços para a aplicação da segunda camada interna de vidros e para a construção do anexo da catedral onde se localizarão a Cúria Metropolitana, todos os movimentos de leigos da Arquidiocese, salões de conferências, museu etc. A planta do anexo já existe e é da autoria do arquiteto Oscar Niemeyer.

---

[1] **a torto e a direito** blindly, without criteria.

[2] **bem como** as well as.

[3] **graças à** thanks to.

[4] **um elemento desajustado** a favorite locution in Brazilian newspapers for a perpetrator of a crime.

A limpeza externa dos vidros, que já fizemos, é um trabalho penoso pelas dificuldades de execução e ainda a sua conservação é também agravada pela excessiva poeira que ataca Brasília.

Eis aí, num esclarecimento rápido e fidedigno, o que tínhamos de dizer sobre a nossa catedral, monumento que deve ser tratado com mais carinho, mesmo porque representa uma parcela indispensável da paisagem da nossa Capital.

[signed] Mons. Luiz Ferreira Lima, vigário da catedral—Brasília (DF)

[*Jornal do Brasil*, Rio de Janeiro, 11 de agosto 1983]

Vocabulary

além do *prep.* aside from, apart from, beyond

alfaia *f.* furnishings, ornament

apoio *m.* support

apressar *v.* hurry

arcebispo *m.* archbishop

arquidiocese *f.* archdiocese

atender *v.* attend (to), serve, fill an order

através *adv. and prep.* through

balaustrada *f.* railing, handrail

batismo *m.* baptism

bispo *m.* bishop

camada *f.* layer

campanário *m.* steeple, bell tower

carinho *m.* care, caress, endearment

circundar *v.* encircle

cobertura *f.* covering

conferência *f.* lecture, conference

conhecimento *m.* knowledge

crônica *f.* article

cuidar *v.* care, look out for

cúria *f.* curia, administrative body of the Catholic Church

custo *m.* cost, expense

depredador *m.* vandal, robber

depredar *v.* vandalize, rob

desajustado *adj.* maladjusted, deranged

desprestígio *m.* loss of reputation or prestige

destacar *v.* point out, emphasize

destaque *m.* prominence, enphasis

deter *v.* detain

eis *adv.* here is, there is

elemento *m.* element, fellow, guy

esclarecimento *m.* clarification

esforço *m.* endeavor, effort, struggle

exigir *v.* exact, demand, require

Exmos. *adj. contr. of* excelentíssimos

fábrica *f.* factory

fabricação *f.* manufacture, construction

falsear *v.* misrepresent, betray

faltar *v.* lack, fail, be wanting

fidalgo *adj.* noble, magnanimous

fidedigno *adj.* credible, trustworthy

freqüência *f.* frequency, crowd, attendance

gabinete *m.* office

grandiosidade *f.* greatness, grandeur, magnificence

grave *adj.* serious

imagem *f.* image, statue

imprensa *f.* press

inacabado *adj.* incomplete, unfinished

inócuo *adj.* harmless, useless

leigo *adj.* lay, secular

limpeza *f.* window-washing

localizar *v.* be located

luminária *f.* lamp

manutenção *f.* maintenance

melhoramento *m.* improvement, repair

metro *m.* meter

montagem *f.* installation
móveis *m. pl.* furniture
movimento *m.* activity
ofício *m.* office, function
paisagem *f.* landscape
parcela *f.* part
pátio *m.* patio, courtyard
patrimônio *m.* patrimony, heritage
pedido *m.* request, order
penoso *adj.* laborious, painful
planta *f.* plan, blueprint, plant, sole of foot
pleno *adj.* full, absolute
poeira *f.* dust
policial *adj.* pertaining to the police
prazo *m.* span of time, space, installment
promover *v.* promote
providências *f. pl.* measures taken
quadrado *adj.* square
quebrar *v.* break

rampa *f.* ramp
reposição *f.* replacement, reposition
requerer *v.* require
sacristia *f.* sacristy
salão *m.* room, salon
salientar *v.* point out, insist on
sanitário *m.* washroom
senão *conj.* else; *prep.* except, but
silhueta *f.* silhouette
soltar *v.* let loose, set at liberty
som *m.* sound
subsídio *m.* subsidy, assistance, contribution
surgir *v.* arise
temperar *v.* toughen, harden, anneal
tornar-se *v.* become
vigário *m.* vicar
voltar *v.* return, turn
vontade f. will
zelo *m.* zeal

32 / Perfil da cidade mirim

F. Pereira Nóbrega

Ela poderá se esconder na selva, não ter lugar na Geografia, menos ainda na História. Nunca a vi, não lhe sei o nome sequer. Mesmo assim, dela já sei tanta coisa que dá para encher uma página de jornal. Basta que seja brasileira para ser igual a mil outras que conhecemos.

No centro da cidadezinha haverá uma praça. E junto a ela, uma igreja também. Por ali passa a rua mais antiga. Como a própria vida do lugarejo, começa na igreja, termina no cemitério.

No campo santo a morte não terá igualado os mortos. Um Zé do Povo[1] fez na cova rasa sua última morada. Alguém, ao lado, terá um jazigo de mármore. Deixou fazendas de heranças. Seu nome é provavelmente Felizardo. Aqui jaz Felizardo. As almas aparecerão aos vivos em noites de assombração. Ora pedem, ora dão. Pedem rezas nas penas do outro mundo. Dão sinais de "botijas",[2] tesouros escondidos, com moedas de ouro dos tempos imperiais.

---

[1] **Zé do Povo** John Doe.
[2] Here **botijas** are the "hidden treasures".

Encontrarei na vila famílias ilustres, tradicionais. A elas pertencem as casas na rua e os bois na mata. Elas detêm a agricultura, o comércio, a indústria se houver. Para além delas, o resto é resto. São as peles negras, os pés descalços. E a escravidão, redimida no papel, perpetuada em classe.

O templo terá nomes ilustres, gravados em vitrais ou colunas de mármore. São os generosos doadores a Deus e mesquinhos sugadores[3] dos homens na injustiça social. Colégios particulares, se os houver, dificilmente não serão de religiosos. Padres e freiras educam para a dominação os filhos dos dominadores. Juram que estão fazendo uma obra de Deus.

O velho médico já fará parte das tradições da terra. Mais que doutor, é quase taumaturgo. Passa a receita. Se o doente não encontrar o remédio na única farmácia local, da receita faz o chá, toma e se cura.

Alguém haverá, contador de proezas incríveis. Na caça ou na pesca, alguma estória ele conta de sucessos retumbantes. Toda cidade-vila tem seu Pantaleão.[4]

Cada dia a cidadezinha esperará o ônibus pela estrada que ainda espera o asfalto. Lá vem ele debulhando lugarejos como contas de seu rosário. Em cada um talvez deixe o correio. Senão, deixe o recado, as lembranças de quem não veio. Se alguém de fora deixar, a cidade toda sabe e fica se perguntando o que veio fazer. As mocinhas perguntarão algo mais: se é solteiro ou casado.

O sexo adolescente estará neles em eclipse parcial, nelas em eclipse total. Eles não têm o que perder. Ali a honra do homem é a sua coragem. Mas a vergonha da donzela é não ter se casado.

Ninguém ali morrerá de solidão. Ninguém se apressa, ninguém se atrasa. Os relógios não torturam as vidas. Se relógio houver, é o da matriz, badalando as horas, com as andorinhas em revoada.

À tarde, parecerá que todas as cadeiras correram para as calçadas. Os mais velhos comentam a chuva que veio, o fiado que não se pagou. Os mais jovens falam dos namoros desfeitos.

A noite, será a lua no céu e o silêncio nas ruas. Em todas as vilas do mundo há noites de luar. Mas não é a lua quem faz a vila. Fazem-na antes as crianças, de mãos dadas, cantando cirandas no coreto, da praça.

As cidades grandes podem ser diferentes. Mas esta é a cidade-vila, a menina-moça. Aposto que são todas iguais.

[*O Norte*, João Pessoa, 2 de agosto 1983]

---

[3] Take **mesquinhos** and **sugadores** together as 'blood-sucking skinflints'.

[4] A stock character in Italian comedy.

Vocabulary

alma f. soul

andorinha f. swallow

apostar v. bet

apressar v. hurry, hasten

assombração f. spook, apparition, terror, awe

atrasar v. put or set back, retard

badalar v. clang, ring, cajole, gossip, flatter

bastar v. be enough, suffice

boi m. bull, ox

botija f. jar, bottle

caça f. hunting, pursuit

calçada f. sidewalk, pavement

campo m. field, the country, matter, subject

casar v. marry

chá m. tea

cidade-vila f. very small city

ciranda f. type of popular song and dance

colégio m. school, college

contador m. teller

coragem f. courage

coreto m. bandstand

cova f. hole, ditch, pit, grave

debulhar v. count off

deixar v. permit, leave

descalço adj. barefoot

desfeito adj. broken, dissolved

deter v. detain, retard, retain

dificilmente adv. scarcely, hardly

doador m. giver

doente adj. sick, diseased

dominador m. ruler, dominator

donzela f. young woman, damsel

educar v. educate, teach, bring up

encher v. fill, occupy

esconder v. hide, conceal

escravidão f. slavery

estória f. story, tale

estrada f. road, highway

fazenda f. farm, plantation

fiado m. credit

freira f. nun

gravar v. engrave, stamp, register

herança f. inheritance, heritage

história f. history

igualar v. be equal to, liken

jazer v. lie, be stretched out

jazigo m. tomb

junto adj. joined, together; — a adv. very near, close to

jurar v. swear, take an oath

lado m. side

lembrança f. souvenir, remembrance

luar m. moonlight

lugarejo m. hamlet

mármore m. marble

mata f. wood, thicket

matriz f. mother church

menina-moça f. teen-age girl

mesquinho m. mean, stingy person

mirim adj. small

moeda f. coin

morada f. dwelling place, abode

namoro m. romance, lovemaking, courtship, sweetheart

negro adj. black, dark

ora adv. now, sometimes

ouro m. gold

padre m. priest, father

parcial adj. partial

particular adj. private, personal, specific

pena f. fine, punishment, feather, quill, pen, paddle

perfil m. profile

pertencer v. belong to

pesca f. fishing, fishery

proeza f. feat, exploit

raso adj. plain, shallow

recado m. message, errand

receita f. prescription, income, receipts, recipe

redimir v. redeem, regain

retumbar *v.* resound
revoada *f.* flying, flight
reza *f.* prayer
selva *f.* forest, jungle
senão *conj.* otherwise, else
sequer *adv.* even, hardly
sinal *m.* sign, signal, token
solidão *f.* solitude, loneliness
solteiro *m.* bachelor

sugador *m.* blood-sucker
taumaturgo *m.* miracle-worker
tesouro *m.* treasure
único *adj.* singular, single, alone, only
vergonha *f.* shame
vila *f.* small town
vitral *m.* stained-glass window
vivo *adj.* live, alive
Zé *m.* short for José

33 / A noite do medo

29

Mauro Santayana

 Há noites caprichosas em ser escuras, mas aquela talvez tenha sido a mais negra deste século. Para dizer a verdade, ela já começara logo depois das três da tarde, com um ajuntamento de nuvens sobre a nascente do Imbaiuçu, onde Cesário e eu nos preparávamos para a guerra.

O propósito era bem maior do que nós dois, mas o que a gente[1] podia perder? Como ele mesmo dizia (e com ele veio a acontecer), o futuro é como cabeça de córrego: pode dar diamante, mas é mais seguro que dê jararaca. Ria muito o Cesário quando alguém lhe dizia que não se deve arriscar o futuro. "A única coisa que eu posso arriscar é o futuro, porque futuro não é ovo de indez. Pra jogar no incerto, você só pode colocar o incerto. Deus é muito divertido, e brinca com as criaturas. Ele arranjou o futuro só para os homens o encherem com a esperança. Ou, quem sabe, porque ele, sendo dono do tempo inteiro, não tem a alegria da surpresa, nem a preocupação da dúvida. Ele criou o homem só para, dentro de cada um de nós, ter também medo e esperança".

Igualzinho estou escrevendo falava Cesário. Era esquisito que um matador de sua fama, jeitoso na faca como no revólver, de boca chupada e olhinho miúdo de fazer mira fina, viesse me explicar os desígnios de Deus. Mas—torno a repetir o que me dizia—Deus não escreve só em linhas tortas. Escreve em linhas retas também.

Desculpem-me a mania que tenho de dar voltas, mas como eu poderia perder a ocasião de falar em Cesário, que Deus o tenha em sua santa glória? Vamos relembrar o que passou. Estávamos de guerra armada contra Serapião Marinho, um crenaque renegado que virara pistoleiro dos gringos da Caratinga Gold

---

[1] Brazilians use **a gente** much the way we say 'one' or 'we': it can refer to people in general ('one often does so-and-so...' or 'we often do so-and-so...') or to oneself ('one doesn't like to boast, but...').

Mining, na época minerando em Cuieté Velho. Era uma guerrinha de graça, a gente havia entrado nela de farra. Uma farra servidora de dona Naná e suas duas meninas de doze e quatorze[2] anos, que o bugre e mais três filhos de cachorra, haviam infamado, depois de amarrar o marido e pai, um cachaceiro e molengão, espichado no pau-da-cumeira. Estávamos de passo, vindo dos lados de Galiléia, e na direção de Mutum, para uns servicinhos miúdos.[3] Mandamos dizer ao desgramado do índio que queríamos uma palavrinha, e marcamos o rancho do Luís Sapê como ponto. E, como era de nosso mister, nos ajeitamos atrás de uma barriguda, árvore de jeito pro toco,[4] meia légua antes.

A gente não tinha relógio—relógio, para que?—e não posso dar idéia das horas. Sei que lá pelas tantas, Cesário amassou um pouco de jacuba com cachaça doce e me deu para comer. De repente, naquela noite mais escura do que o olho do breu, apareceram os vagalumes. Parecia até que as estrelas tinham varado as nuvens pretas e descido, para beber água no riacho. Era um montão deles, dos graúdos aos pequeninos. "Deixa estar"—disse Cesário—"isso deve ser negócio do bugre".

Era, é o que eu acho. Porque, logo depois, ouvimos barulho de chocalho numa moitinha de chapéu-de-couro, que eu tinha a intenção de cortar. Parecia cascavel, mas cascavel não é cobra de brejo. Foi só eu desembainhar o facão para ouvir a voz do índio:

—Vou tirar a macheza de vocês dois na faca, seus titicas. É só amanhecer. Podia fazer agora, mas quero ver vocês chorar no claro.

Foi então que Cesário começou a falar e a cantar alto, insultando o crenaque. Sabia algumas palavras sujas na língua do índio, e as repetia: "Nde nema", "moxu", você pensa que é "porojucaíba", mas é só um "guanumbi" à-toa.[5]

O bugre respondia com uma enxurrada de coisas em sua língua, e Cesário ria. Não entendendo, não se sentia ofendido.

Resumidos os fatos, quando clareou o dia estávamos, nós e eles, cercados pelo tenente Atílio, com vinte soldados do 3º Batalhão de Caçadores e mais um delegado calça-curta. O tenente, criador de galos de rinha, botou Cesário e o índio para brigar a faca. A mim, em consideração a um negócio antigo, que não vem ao caso, deu a incumbência de enterrar os dois no brejo mole e ordem de deportação para o Espírito Santo.

—Some daqui, senão te jogo pros surubis do Rio Doce.

Foi o que fiz.

[*Folha de São Paulo*, 11 de agosto 1983]

---

[2] = catorze.

[3] **para uns servicinhos miúdos** by some unimportant business.

[4] **de jeito pro toco** suitable because of its trunk.

[5] The "Indian" words may have been made up by the author.

Vocabulary

ajeitar *v.* arrange, manage, adapt

ajuntamento *m.* crowd, assembly, meeting

alegria *f.* happiness

amanhecer *v.* grow light, dawn

amarrar *v.* hang, tie, fasten, become attached

amassar *v.* mix, knead

arranjar *v.* arrange, set in order

arriscar *v.* venture, endanger

árvore *f.* tree

à-toa *adv.* very small and unimportant, worthless, aimless, random

barriguda *f.* a Brazilian tree with a broad trunk

barulho *m.* noise

botar *v.* put, place

brejo *m.* marsh, bog

breu *m.* pitch, tar

brigar *v.* fight

brincar *v.* play, sport

bugre *m.* Indian, savage, brute

caçador *m.* hunter

cachaceiro *m.* drunkard

calça-curta *f. and adj.* short pants, hence young and inexperienced

cascavel *m.* rattlesnake, small round bell

cercar *v.* enclose, surround, encompass

chapéu-de-couro *m.* a plant

chocalho *m.* rattle, cowbell

chupar *v.* suck

clarear *v.* grow clear, dawn

claro *adj.* bright, clear, fair, easy, plain

colocar *v.* put, place

córrego *m.* ravine, brook, stream

crenaque *m.* an Indian of the Botocudos tribe of the Rio Doce

criador *m.* breeder, creator

criar *v.* create

criatura *f.* creation, creature, person

desculpar *v.* excuse

desembainhar *v.* unsheathe

desgramado *adj.* ignorant, illiterate; perhaps used instead of **desgraçado**

divertir *v.* amuse, enjoy

encher *v.* fill, occupy

enterrar *v.* inter, bury

enxurrada *f.* torrent, shower, plenty

escuro *adj.* dark, gloomy, dim

espichar *v.* string up

esquisito *adj.* strange

estrela *f.* star

facão *m.* large knife, hunting knife

fama *f.* fame, renown, reputation

farra *f.* spree; **de farra** just for fun, by accident

fato *m.* fact, deed, event

fino *adj.* clever, sharp, nice, polished

galo *m.* cock

graça *f.* grace; **de graça** *adv.* for nothing, free

graúdo *adj.* mature, big, great

gringo *m.* foreigner, especially North American

incumbência *f.* duty, incumbency, undertaking

indez *m.* nest-egg

infamar *v.* malign

inteiro *adj.* entire, perfect, upright

jacuba *f.* Brazilian dish made of water, manioc flour, and honey

jararaca *f.* pit-viper, venomous snake, spiteful woman

jeitoso *adj.* handy, apt

jogar *v.* play, throw

légua *f.* league

macheza *f.* manhood, manliness, macho quality

marcar *v.* mark, pick out

matador *m.* killer, murderer

minerar *v.* mine, work in mines

mira *f.* sight
mister *m.* want, need
miúdo *adj.* small, slight, tricky
moita *f.* thicket, coppice
mole *adj.* soft
molengão *m.* lazybones, sluggard
montão *m.* heap, mass
nascente *f.* source (of river)
negócio *m.* trick, business
negro *adj.* black, dark
nuvem *f.* cloud, crowd
pau-da-cumeira *m.* ridgepole
pistoleiro *m.* bandit, gunman
pra *contr. of* **para**
pro *contr. of* **para o**
propósito *m.* purpose, intention
pros *contr. of* **para os**
relembrar *v.* remind
renegar *v.* deny, disown, change sides
repente *m.* sudden burst, fit
resumir *v.* abridge, shorten, sum up

reto *adj.* straight
riacho *m.* small river
rinha *f.* cockfighting, cockfighting pit
senão *conj.* else, otherwise; *prep.* except, but
servidor *adj.* in the service of
soldado *m.* soldier
sujo *adj.* dirty, foul
sumir *v.* disappear
surubi *m.* a large Brazilian fish
tenente *m.* lieutenant
tirar *v.* remove
titica *f.* dung, worthless thing or person
toco *m.* trunk, stump, stick
tornar *v.* return
torto *adj.* crooked
único *adj.* single, alone, only, sole
vagalume *m.* glowworm, lightning bug
varar *v.* pierce
volta *f.* turn, revolution

34 / Para que utopias?   *Sebastião Vila Nova*

E você acha sinceramente, Vila Nova, que é alguma utopia que vai resolver os problemas que atravessamos hoje? E, por acaso, utopia resolve lá coisa alguma? Não acha que as utopias só fazem mesmo é ocultar os problemas sociais? São perguntas que, a propósito de meu artigo da semana passada, me dirige um leitor que prefere assinar-se pelas iniciais A. M. E arremata: "Para que utopias?"

O velho Mário de Andrade[1] afirmou, certa vez, que nada há de pior do que um preconceito e nada há de melhor do que um preconceito; tudo depende do preconceito. E o mesmo a gente pode dizer das utopias. Desde que a gente entenda utopia no seu sentido etimológico e histórico original—e aqui sou obrigado a explicar mais uma vez o emprego que faço da palavra utopia, que, aliás, nada tem de novo. É que, hoje em dia, essa palavra é usada como sinônimo de "coisa impossível de se realizar", de fantasia inconcretizável. "Ah, mas isso é uma utopia", dizem as pessoas quando querem expressar a sua

---

[1] Mário Andrade (1893-1945) was a well-known Brazilian writer and literary critic.

descrença na possibilidade de alguma idéia vir a se concretizar. Mas quando falo em utopias refiro-me a qualquer projeto alternativo de organização social. É precisamente isto o que foi a **Utopia** de São Tomás Morus, inventor da palavra. É o que foi igualmente a **República** de Platão. As utopias nascem, como é fácil de ver, da insatisfação social. Por isto é que os períodos de rápida transformação social, pelo que têm a ver com desorganização social, tendem a estimular o surgimento de utopias. A Idade Média, ao que se sabe, não conhece utopias. Mas não é por mero acaso que a **Utopia** de Morus aparece no século XVI, século de grandes mudanças e, notadamente, da secularização que permite a crítica da concepção sobrenatural da sociedade e da história, dominante durante a Idade Média. Como não é por acaso que o pensamento social da primeira metade do século XIX seja acentuadamente utópico. Comte, Spencer e depois Marx são, antes de mais nada, grandes utopistas, mais do que teóricos rigorosos.

Uma boa utopia é, portanto, algo muito prático, na medida em que indica novos caminhos para a sociedade, novas soluções para velhos e novos problemas. O curioso, incompreensível (ao menos para mim), é que a nossa época, sendo marcada por tanta e tão generalizada insatisfação, seja indigente de utopias, de projetos alternativos de organização da sociedade, vale dizer, de esperança. É a era da incerteza em todos os domínios da vida social, como tão bem caracterizou Galbraith.

Mais importante do que qualquer planejamento tecnoburocrático é a utopia. E o que pode significar a crítica social sem o complemento saudável da utopia? A utopia não se contenta com a mediocridade das soluções de curto prazo, com os paliativos; a utopia representa o resultado de uma superior visão da história, não condicionada pelos limites estreitos da experiência social do presente. É para isto que servem as utopias; para aperfeiçoar a vida humana, para melhorar o mundo, para civilizar.

[*Diário de Pernambuco*, Recife, 5 de agosto 1983]

Vocabulary

acaso *m.* chance
acentuado *adj.* accentuated, prominent
afirmar *v.* maintain, assert
aperfeiçoar *v.* perfect, improve
arrematar *v.* end up, complete
assinar *v.* sign
atravessar *v.* come across
descrença *f.* disbelief
dirigir *v.* direct
dominante *adj.* dominant, predominant
emprego *m.* use, application, employment

época *f.* era, season, time
estreito *adj.* narrow, tight
experiência *f.* experience, experiment, trial
inconcretizável *adj.* unrealizable
indigente *adj.* needy, poverty-stricken
inicial *f.* initial, first letter of a word
marcar *v.* mark, stamp
medida *f.* measure, extent, degree
médio *adj.* middle, average
melhorar *v.* improve
mero *adj.* mere, plain

metade *f.* half
Morus *name (St.* Thomas) More
mudança *f.* change
notado *adj.* notable
ocultar *v.* hide, conceal
paliativo *adj.* palliative
pensamento *m.* thought, meditation
planejamento *m.* planning
Platão *name* Plato
portanto *conj.* so, therefore

preciso *adj.* precise
preconceito *m.* prejudice, bias, superstition
propósito *m.* purpose, topic; **a propósito** by
   the way
saudável *adj.* healthy, wholesome
sobrenatural *adj.* supernatural
surgimento *m.* appearance
tender *v.* tend, incline
teórico *adj.* theoretical; *m.* theoretician
valer *v.* be worth

35 / Nota: Caminhos cruzados   *João Jacques*

 Ela vinha pela Rua Floriano Peixoto e eu ia pela Pereira Filgueiras. No cruzamento das duas vias, encaro-a de frente. Seus olhos verdes piscaram trânsito livre pela esquerda.[1] E quase atropelei um vendedor de bolsas de couro ao pé da calçada.

Entro na loja de calçados, onde uma senhora, tipo pneu tala larga,[2] fala comigo animadamente, dizendo-me com intimidade:

—Há quanto tempo não o vejo!

Ligo o computador da memória. Ela não tinha sido programada. A fita RNA não acusou seu nome.

Cheguei a abraçá-la pela metade. Faltaram tentáculos para envolvê-la com maior carinho.

Não encontrei os sapatos cômodos e flexíveis que me convinham aos calos de estimação.[3] Saí.

Arlindo cruza comigo na Praça do Ferreira. Sua voz sumida, fanhosa e arrotada parecia vir de um satélite sintonizado com algum cemitério:

—Olá, João!

Arrepiei-me todo. Assombrações sempre me deixaram mudo. Por isso, não respondi à saudação, tendo passado por incivil ou por ter um rei na barriga.[4]

Compro em banca de jornal uma revista. E saio lendo-a e abalroando com quinas de canteiro e de bancos de jardim.

Antes de atravessar o asfalto, paro no meio fio de pedra, ao lado de um cidadão de pescoço de alterofilista, vermelho, e barrigudo como uma

---

[1] Her green eyes winked, suggesting that I could pass to her left.
[2] **tala larga** widetread tire, thus anything wide.
[3] **de estimação** esteemed (sarcasm).
[4] **ter um rei na barriga** to be stuck up.

compoteira. E pensei com meus botões, mesmo sem apertá-los. Hoje, aliás, os botões fazem ligações remotas, põem a funcionar televisões e acionam estupins de bananas explosivas.[5] Só se salvam os botões de rosa,[6] que trescalam paz e amor...

Retomo o fio da meada. Imaginei o gorducho com a vida por um fio, a pressão em vinte e oito e as coronárias entupidas, precisando de ponte de safena.

Nessa altura, começou a choviscar.

O inverno deste ano está sendo a prestações de quarenta e oito meses. Dir-se-ia que o céu esbanjou suas reservas líquidas no Sul e pediu moratória no Nordeste.

Só a desindexação nos salva!...

[*Diário do Nordeste*, Fortaleza, Ceará, 10 de agosto 1983]

Vocabulary

abalroar *v.* collide with

abraçar *v.* embrace, hug, clasp

acionar *v.* activate

acusar *v.* indicate, find, acknowledge receipt of

alterofilista, halterofilista *f. and m.* weightlifter

apertar *v.* press

arrepiar *v.* shiver with fear or cold, get the creeps

arrotar *v.* belch, bluster

assombração *f.* spook, apparition, terror, awe

atravessar *v.* cross

atropelar *v.* tread, overturn, run over

banca *f.* newsstand

banco *m.* bench

barriga *f.* stomach

barrigudo *adj.* obese, stout

botão *m.* button

calçada *f.* pavement, sidewalk

calçado *m.* footwear, shoe

calo *m.* corn, callus

canteiro *m.* flower box, planter

carinho *m.* caress

chegar *v.* come close to

choviscar *v.* drizzle

cômodo *adj.* comfortable

compoteira *f.* canning jar, compote

computador *m.* computer

convir *v.* suit, be convenient

coronária *f.* coronary artery

couro *m.* leather

cruzamento *m.* crossing

desindexação *f.* deindexation, abolition of the system of indexing money to the rate of inflation

entupir *v.* block, stop up

envolver *v.* wrap

esbanjar *v.* squander, lavish

estupim *m.* wick, fuse

fanhoso *adj.* snuffling, nasal

fio *m.* thread

fita *f.* ribbon, film

gorducho *adj.* plump, very fat, stout

ligação *f.* connection

---

[5] **bananas explosivas** sticks of dynamite.

[6] **botões de rosa** rosebuds.

ligar *v.* connect

meada *f.* plot, intrigue

metade *f.* half, middle

moratória *f.* moratorium

mudo *adj.* mute

Nordeste *m.* Northeast of Brazil

olá *interj.* hello, hey

passar por *v.* pass for, give an impression of

pedra *f.* stone

pescoço *m.* neck

piscar *v.* wink, twinkle

pneu *m.* tire; *contr. of* **pneumático** *adj.*
  pneumatic, inflated

prestação *f.* installment, allotment, loan

quina *f.* corner, sharp edge

retomar *v.* resume, take back

revista *f.* magazine

RNA *abr.* ribonucleic acid

safena *f.* saphena (principal leg vein); **ponte
  de safena** *f.* coronary bypass

salvar *v.* save, rescue

saudação *f.* greeting, salutation

sintonizar *v.* tune in, pick up

sumido *adj.* scarcely audible, muffled

trescalar *v.* smell strongly

vendedor *m.* seller

36 / Memória de Olinda: Os Quatro Cantos   *Luiz Beltrão*

O cheiro de heliotrópio desprendido de um lança-perfume clandestino em festa carnavalesca em Brasília colocou-me, subitamente, na varanda do oitão da casa em que vivi meus primeiros anos da infância, na Rua Joaquim Cavalcanti (Jogo da Bola). O menino, cujas incursões ao mundo exterior àquelas paredes e teto não passavam dos limites do jardim e do quintal, recebia a visita noturna das gentes da cidade que, subindo uma ladeira, onde de uma das bicas escorria continuamente água salobra, se divertiam, intensamente, nas danças e cantos do carnaval. Ali era tanto o uso e abuso do lança-perfume (Vlan, Rigoleto, Colombina, Rodo...) que havia sucedido às limas-de-cheiro, que o ar ficava saturado de odores no espaço compreendido entre a Rua do Amparo e os Quatro Cantos[1] e descia a encosta, penetrando, com a música estridente do frevo ou o toque violento e rítmico dos gonguês, tarois, caixas-de-guerra e zabumbas dos maracatus[2] de baque virado,[3] a intimidade dos lares lá em baixo,[4] suplantando os cheiros familiares, impondo-se à sensibilidade e à consciência da criança ao arrancá-la do sono tranqüilo e ingênuo que guardava.

---

[1] All the streets in this article are downtown streets in Olinda, a historical city on a hill overlooking the Atlantic and a resort town only 7 kilometers from Recife to which it is linked by streetcar. **Quatro Cantos** appears from the map to be equivalent to our Four Corners.

[2] **maracatus** street dances of Carnaval.

[3] **baque virado** wild beat.

[4] **lá em baixo** down there.

Os Quatro Cantos, assim chamados por desembocarem ali as ruas do Amparo, 13 de Maio (da Cadeia) a ladeira da Misericórdia[5] e a descida da Ribeira,[6] eram, na década de 20—e, apesar dos justos protestos dos conservacionistas, continuam sendo—o polo carnavalesco da Cidade Mirim[7]. Nas suas redondezas, à exceção do meu glorioso Lenhadores, que vinha de sua humilde sede no Farol[8] para disputar com Vassourinhas[9] a supremacia dos clubes de frevo, se situavam as sedes dos principais blocos, troças, maracatus, caboclinhos e conjuntos momescos olindenses. No logradouro, dominado em sua curta extensão pelo sobrado construído no século XVIII, com seu balcão mourisco, sua biqueira característica, e que foi restaurado em 1942 pelo Serviço de Patrimônio Histórico e Artístico Nacional, com a despesa "escandalosa" para a época de 25 contos de réis (**Folha da Manhã**, ed. vespertina, 16/04/42), no logradouro não raro havia recontros até sangrentos entre sócios e partidários do Leão e do Camelo,[10] nas disputas carnavalescas.

Ali também ficavam as duas melhores lojas de tecidos da cidade: a *Loja Azul*, ainda existente, num prédio de esquina, de grossas paredes, certamente erguidas com o mesmo tipo de tijolo encontrado no sobrado (grandes blocos pesando 24 quilos, oito vezes mais do que os utilizados atualmente, com as dimensões 50 x 25 x 14 centímetros), pintadas com gritante azulão[11]; e vis-a-vis, a **Loja Alzira**, sua concorrente, em um edifício mais recente, com portas altas, pintura discreta, piso de mosaico, e até uma vitrine. A Loja Azul pertencia a um português, José Dias dos Santos, e nela trabalharam como vendedores, entre outros, Olavo Ribeiro Viana, que foi vereador em certa legislatura e era membro destacado da Ordem Terceira de São Francisco de Olinda, e um certo sr. Arruda que, depois de uma passagem por uma camisaria do Recife, se mandou para a Bahia, onde o encontrei em 1949, como conceituado industrial e comerciante. A Loja Alzira tinha como proprietário o chefe da família Nigro, Cláudio, cujo filho, Antônio (Toinho), mais tarde abriu uma filial na entrada da rua do Sol, quando se intensificou o avanço da cidade para os lados do Bairro Novo.

Nos Quatro Cantos residiu, por muitos anos, João Matos Guimarães, meu companheiro no Centro de Cultura Humberto de Campos,[12] agremiação de

---

[5] A church in Olinda, built in 1550.

[6] A street in Olinda.

[7] **mirim** is an "indigenous" word, i.e., an Indian-language word in Brazilian Portuguese, but all Brazilians seem to know the word and its meaning 'little'.

[8] An area of Olinda.

[9] **Lenhadores** and **Vassourinhas** are names of Carnaval dance clubs.

[10] These are probably Carnaval dance clubs.

[11] Here is an augmentative suffix on an adjective, in addition to **gritante**; very bright or 'screaming' blue.

[12] Humberto de Campos (1886-1934) was a poet and author.

jovens interessados em literatura e ciência, entre os quais se contavam alguns que se tornaram figuras conhecidas nas letras e na política nacional, como Francisco Julião, o Julião das Ligas Camponesas,[13] para quem não sabe, autor de contos e romances editados (**Cachaça, Irmão Juazeiro**), além de ensaios sobre a situação dos camponeses no Brasil e do poético e comovedor depoimento—**Até quarta, Isabela**, em que narrou as peripécias de sua prisão em 1964, exatamente quando sua companheira esperava o nascimento de um bebê, a quem somente depois de algum tempo os seus detentores permitiram conhecer.

João Matos Guimarães, baixinho, cabeleira e olhos muito negros, sempre vestido de branco ou creme, gravata discreta, sapatos lustrosos, deveria ter assumido obrigações de família desde cedo: ou por ter perdido o pai em sua adolescência ou por haver casado antes dos vinte anos. Já o conheci empregado no Recife,[14] perito em contabilidade, trabalhando em um banco, onde chegou à gerência, mais tarde transferindo-se para a Chesf,[15] graças sobretudo aos seus conhecimentos de inglês, língua que dominava perfeitamente.

Lembro-me de, certa vez, termos conversado sobre um tema[16] em voga na época: a educação sexual nas escolas. João Matos revelou-me suas preocupações quanto ao preparo e ao tato dos professores encarregados de esclarecer os jovens sobre tema com tantas implicações sócio-religiosas. E presenteou-me com cópia datilografada da tradução que fizera de folheto norte-americano, muito bem orientado, visando a familiarizar o adolescente com o mistério da reprodução, a partir da fecundação e germinação das plantas.

Profundamente católico, também terceiro de São Francisco, dados os seus conhecimentos profissionais de finanças, uma vez eleito tesoureiro, cargo a que na Venerável ordem se dá o nome de Síndico, foi tantas vezes reconduzido que lhe foi conferida a perpetuidade, ocupando o posto até o seu falecimento a 19 de janeiro de 1981, com quase setenta e dois anos de uma vida fecunda e exemplar.

Os Quatro Cantos e as ruas que dele fazem o coração mesmo de Olinda, às quais dedicaremos outras crônicas, podem servir de exemplo para o leitor que esteja disposto a cooperar conosco na reconstituição do discurso olindense do século XX, levando-o a chamar à vida fatos e figuras de seus vizinhos e amigos, seja em quais daqueles logradouros—do cimo, das encostas e dos baixios, próximos ou distantes do mar—estão cheios de história, de fantasmas e

---

[13] Julião, author, teacher, and attorney, was the leader of the **Ligas Camponesas** until he was exiled to Mexico in 1964.

[14] When I knew him he was already employed in Recife.

[15] **Companhia Hidroelétrica de São Francisco.**

[16] Note that those Portuguese words ending in **-ma** (usually of Greek origin) whose adjectives end in **-mático** (English **-matic**) are masculine although they end in **-a**.

romances, de que foram protagonistas quantos[17] nasceram ou conviveram no
burgo quatrocentão de Duarte Coelho.[18] (Correspondência para Caixa Postal
14/2223-Brasília, DF-7000)

Diário de Pernambuco, Recife, 5 de agosto 1983]

Vocabulary

agremiação *f.* reunion, fellowship

apesar de *prep.* in spite of, although

arrancar *v.* push or pull with force

atual *adj.* current, present

bairro *m.* district

baixio *m.* sandbank, lower part of the city

baixo *adj.* small

bica *f.* pipe, waterspout

biqueira *f.* ornamental downspout of a building

bloco *m.* group of Carnaval dancers

burgo *m.* town, community

cabeleira *f.* hair, head of hair

caboclinho *m.* dancer of a popular dance

caboclo *m.* a person who is a mixture of white and Indian

cadeia *f.* jail

caixa *f.* box

caixa-de-guerra *f.* small drum

camisaria *f.* shirt factory, haberdashery

camponês *m.* country person, farmer, peasant

canto *m.* corner, song

cargo *m.* position, responsibility, burden, job, status

carnavalesco *adj.* pertaining to Carnaval

casar *v.* marry

cheiro *m.* scent, aroma

cimo *m.* top, crown

clandestino *adj.* illegal, hidden, secret

colocar *v.* place

comovedor *adj.* soul-stirring, impressive

companheira *f.* companion

companheiro *m.* companion

compreender *v.* include, understand

conceituado *adj.* respected

concorrente *f. and m.* competitor, contestant

conferir *v.* confer, compare, verify, give

conjunto *m.* group

consciência *f.* conscience, consciousness, perception, sense of duty

contabilidade *f.* accounting, calculation

conto *m.* story, tall story, account

conto de réis *m.* one thousand milréis (old unit of Brazilian currency)

conversar *v.* converse, be familiar with

conviver *v.* live together, be sociable

creme *adj.* cream-colored

datilografar *v.* typewrite

depoimento *m.* testimony, statement

descida *f.* descent

desembocar *v.* discharge, flow into

despesa *f.* disbursement, payment, cost

desprender *v.* release from, loosen

destacar *v.* make stand out

detentor *m.* detainer, holder

discreto *adj.* unobtrusive, tactful, prudent

dispor *v.* dispose

divertir *v.* amuse

ed. *abr.* edição

editar *v.* publish, edit

eleger *v.* (pp. **eleito**) elect

empregar *v.* employ

encarregar *v.* put in charge of, entrust

---

[17] Here **quantos** = whoever.

[18] Developer of Pernambuco, founder of settlement called Marim and renamed Olinda in 1537.

encosta *f.* slope, incline
ensaio *m.* essay
época *f.* era, time
erguer *v.* raise, build, found
esclarecer *v.* clarify, clear
escorrer *v.* flow out
esquina *f.* corner
estridente *adj.* strident, harsh, noisy
exceção *f.* exception
exemplar *adj.* exemplary
falecimento *m.* death
farol *m.* lighthouse
fecundação *f.* fertilization
fecundo *adj.* fruitful
filial *m.* branch
finanças *f. pl.* finance(s)
folha *f.* leaf
folheto *m.* pamphlet, leaflet
frevo *m.* Carnaval dance in the north
gerência *f.* management, managership
gonguê *m.* small drum
graças *f. pl.* thanks
gritar *v.* shout
histórico *adj.* historical
humilde *adj.* humble, modest, common
impor *v.* impose
incursão *f.* foray, attack
industrial *f. and m.* manufacturer
infância *f.* childhood
ingênuo *adj.* simple, untroubled
Jogo da Bola *m.* soccer
justo *adj.* fair
ladeira *f.* hillside, slope, steep street
lado *m.* direction, side
lança-perfume *m.* perfume spraybottle filled
 with any mixture of chloroform, ether,
 and/or alcohol, masked with perfume, and
 used during Carnaval
lar *m.* home, house
leitor *m.* reader
letras *f. pl.* learning, culture
levar *v.* lead
liga *f.* league, alliance

lima-de-cheiro *f.* formerly, a hollow ball of
 rubber or paraffin, filled with perfumed
 water, thrown during Carnaval
logradouro *m.* public park
lustroso *adj.* polished, shiny
mirim *(Tupi)* small
momesco *adj.* pertaining to the election during
 Carnaval of the Rei Momo, hence
 carnavalesco
mourisco *adj.* Moorish
nascer *v.* be born, see the light
nascimento *m.* birth, origin
oitão, outão *m.* side wall of a building
olindense *adj.* pertaining to Olinda
parede *f.* wall
partidário *m.* adherent, member of a party
patrimônio *m.* endowment, inheritance
peripécia *f.* unexpected event
perito *m.* expert, specialist, connoisseur
pertencer *v.* belong to, concern
pesar *v.* weigh
pintar *v.* paint
pintura *f.* painting
planta *f.* plant, plan, sole of the foot
polo *m.* center
posto *m.* post, position
prisão *f.* imprisonment
quarta *f.* one-fourth; *abr.* **quarta-feira**
quarta-feira *f.* Wednesday
quatrocentão *adj.* 400-year-old
quilo *m.* kilogram
quintal *m.* backyard, small rural property
reconduzir *v.* return, renew, reelect
recontro *m.* encounter, skirmish
redondeza *f.* surroundings
romance *m.* story
salobro *adj.* salty, brackish
sangrento *adj.* bloody
sede *f.* seat, headquarters
síndico *m.* superintendent, person in charge
situar *v.* place, establish
sobrado *m.* two-story house
sobretudo *adv.* above all

sócio *m.* member of a group

sócio-religioso *adj.* socio-religious

sono *m.* sleep, rest

sr. *abr.* senhor

súbito *adj.* sudden, unexpected

suplantar *v.* replace

tarol *m.* small drum (tambor) used during Carnaval

tato *m.* tact, sensibility

tecido *m.* fabric

tema *m.* theme

tesoureiro *m.* treasurer

teto *m.* ceiling, shelter

tijolo *m.* brick

tocar *v.* touch, play (an instrument)

Toinho *abr.* Antônio

troça *f.* spree, revelry, joke

varanda *f.* balcony, porch, terrace

vendedor *m.* salesman

venerável *adj.* revered, respectable

vereador *m.* alderman, town councilman

vespertino *adj.* pertaining to the afternoon or evening

violento *adj.* powerful, passionate, impetuous

visar *v.* aim at, seek

vis-a-vis *Frn.* face-to-face

vitrine *Frn.* display window

vizinho *m.* neighbor

voga *f.* vogue, style

zabumba *f.* bass drum

Exercícios de Compreensão

Preparados por Laura Zamarin

1. Baleias reaparecem em São Conrado

A. Qual o efeito produzido pelas baleias na Avenida Niemeyer?
B. Quem acompanhava as baleias enquanto elas nadavam?
C. As baleias já haviam aparecido antes, e quem disse isso?
D. Que tipo de trabalho fazem as pessoas mencionadas neste artigo?
E. Descreva o "show" oferecido pelas baleias.
F. O que você entende pela palavra "gaúcho"?
G. Ao longo de que praias as baleias nadaram?

2. Língua inglesa

A. O autor desta carta escreveu a maior parte dela?
B. O autor tece comentários diretamente sobre as expressões inglesas e as opiniões de Ajuricaba Nery?
C. Você acha que a gramática inglesa é rigorosa comparada com a portuguesa?
D. A expressão "savoir faire" corresponde exatamente a "know how"?
E. Qual a língua que Nery considera a mais culta?
F. Por que se exige nas Cartas para publicação o nome e endereço do remetente? Nos seus jornais exige-se o mesmo?

3. Língua do mundo

A. Quais as razões apresentadas pelo autor para o estudo do latim?
B. Os argumentos são apresentados de maneira objetiva?
C. Qual a opinião do autor sobre os hábitos de estudo hoje em dia?
D. Como ele descreve a importância da memória na aprendizagem?
E. Você acha que o estudo do latim melhora o conhecimento do português? Defenda seu ponto de vista.

4. Grafias

A. Você acha que a revisão de um jornal tem o direito de alterar a grafia do nome de uma pessoa?
B. Qual a posição do autor sobre o assunto?
C. Por que razão é difícil publicar um jornal sem erros tipográficos?
D. Você encontrou algum desses erros neste artigo?
E. Por que a letra **h** aparece às vezes na grafia e outras vezes não (veja *Bahia, alterofilista*)?
F. De acordo com as regras ortográficas do português do Brasil, como você escreveria *Suely, Adolpho*, e *Octávio*?

5. Moda e linguagem

A. Por que razão o autor usa algumas palavras inglesas no texto?
B. Como o autor explica o vocabulário especializado do mundo da moda?
C. Como reagem alguns pais mais jovens aos anúncios da moda?
D. O jargão da moda serve para dividir grupos ou gerações?

6. Uma literatura rica

A. Quais são as quatro características mais marcantes do seu país?
B. Em sua opinião a progressão de uma literatura derivada a uma autônoma é característica única do Brasil? Qual a opinião do autor?
C. Que influência ou influências culturais sobre a língua e a literatura brasileiras deixou o autor de mencionar?
D. Você acha que se justifica a opinião do autor sobre a literatura brasileira?
E. Executou o autor a intenção implícita no primeiro parágrafo do artigo?

7. O avesso das coisas

A. De que modo mostra o autor sua modéstia?
B. O que você entende por "Água potável tem gosto de poesia"?
C. Julgando Drummond pelas suas observações sobre o amor, você diria que ele teve uma vida amorosa feliz?
D. Qual a opinião do autor sobre os animais em geral?
E. Tente compor uma "mínima" semelhante às de Drummond.

8. Capítulo da visita

A. Qual a atitude de Romero em relação ao estacionamento e elevadores privativos?

B. Quais as razões que apresentou para estacionar no local privativo? São boas?

C. Por que estão no imperfeito do subjuntivo (**fosse, quebrasse, tomasse**) as direções do encarregado do parque de estacionamento?

D. O pessoal do escritório foi prestativo?

E. Há relação do último parágrafo com o resto da história?

9. Decadência

A. Você já passou por alguma experiência semelhante à do autor desta carta?

B. O mau serviço limitou-se apenas à viagem de ida?

C. Por que razão o autor escreveu esta carta?

10. Água

A. Nestas circunstâncias, você escreveria uma carta tão calma?

B. O que o autor da carta quer dizer com "adequação perfeita"?

11. Cinema brasileiro

A. Qual o tom da carta?

B. Fazia sentido a frase como publicada primeiramente no jornal?

C. Além da retificação do erro, qual foi a finalidade da carta?

12. Retalhos

A. Você conhece alguém que tenha incompatibilidade com relógios?

B. Quais as razões apresentadas para essa incompatibilidade?

C. Por que razão o autor rejeita duas explicações apresentadas?

13. Mãe intranqüila

A. Além de tentar obter informação, qual a razão da mãe escrever ao redator?

B. Você acha que se justifica sua atitude?

C. Pela carta, você tem provas suficientes para formar uma opinião?

14. Erro médico

A. Você criticaria a atitude do médico quando o doente apareceu com febre? Depois da febre se manter por vários dias? Quando o médico realizou uma cirurgia drástica sem consultar os familiares? Quando suturou por engano um dreno?

B. O que diz o autor sobre a reputação do médico?

C. O que ela deseja ao levar o caso a processo?
D. Segundo ela, qual a razão principal de escrever a carta?

15. Indiferença

A. Por que o autor consultou um otorrino?
B. O médico o atendeu bem?
C. Teve culpa o atendente do ambulatório de Ipanema?
D. Teve culpa a senhora no Hospital da Lagoa?
E. Teve culpa o segundo médico no ambulatório de Ipanema?
F. Quais as observações filosóficas feitas pelo autor?
G. Viu-se o autor livre do seu incômodo?
H. Você já passou por uma experiência semelhante com um médico ou clínica?

16. Gratidão

A. É fora do comum este tipo de carta ao redator?
B. A atitude do médico foi especialmente importante nesto caso?

17. O riso nos dias de hoje

A. A autora inicia a crônica numa nota otimista?
B. Que impressão dá ela da vida no Brasil em geral e no Rio em particular?
C. É verdade que muitos cômicos do cinema têm vidas trágicas?
D. Quais foram alguns dos problemas universais observados pelo Sr. Hulot?
E. Você concorda com as observações quanto à influência da tecnologia sobre a vida diária?
F. Acha profundidade nos filmes da "Pantera Cor-de-Rosa"?
G. Você concorda em que vivemos num ambiente artificial e que perdemos nossos valores fundamentais?

18. No ônibus

A. Além de descrever a cena e dar andamento à crônica, que observação faz o autor no primeiro parágrafo?
B. Qual a reação do motorista quando a mulher descobriu que não tinha dinheiro para a passagem?
C. Você acha realista o fato dos outros passageiros se cotizarem para pagar a passagem dela? Que fator ou fatores entraram nessa decisão?
D. Por que o autor faz a mãe falar tanto sobre a filha?
E. Como você esperava que fosse o desfecho da história?

19. Sensação de esperança

A. Qual era a época do ano e que tempo fazia?
B. Qual a reação das pessoas a quem a autora contou a perda da bolsa?
C. Por que a autora resolvereu adotar uma atitude filosófica?
D. Por que ela ainda estava desconfiada ao se dirigir ao endereço da senhora que tinha telefonado?
E. Por que a Sra. Rondinelli escreveu esta carta?
F. Você se surpreenderia com uma carta semelhante num jornal de uma pequena cidade? De uma cidade grande?

20. Criminalidade

A. É perigoso viver no Rio e em São Paulo?
B. Por que são os pobres os que mais sofrem com a violência nessas cidades?
C. Quem é o mais suspeito de todos?
D. Qual é a situação em algumas grandes cidades americanas?

21. Proibição permitida

A. O jogo do bicho é legal no Brasil?
B. O que propõe o autor sobre o assunto?
C. Por que o autor critica um certo programa de televisão?
D. Que desvio moral o autor vê como uma possibilidade?
E. Por que o autor considera deplorável o fato do ator da novela ser tão bom?

22. Visão otimista

A. Tem o Sr. Teller uma opinião diferente da maioria dos brasileiros?
B. Com que outras cidades ele compara o Rio? Por que ele as escolheu?
C. Você encontra nesta carta alguma referência que explique a situação do tráfego no Rio?
D. Você acredita em pobres felizes e sorridentes e seu relacionamento com os ricos, do modo como o autor descreve?
E. Pode um país estar em crise econômica sem estar numa crise social?
F. Na sua visão do Éden não esqueceu o autor de que há "uma maçã envenenada"?

23. Ponderação

A. Qual é o tom da carta?
B. De que o autor se defende?
C. Você acha que ele se defende bem?

D. Quando o Sr. Aranha acha que é o momento oportuno para prestar informação?

24. Hoje tem espetáculo

A. O que o anão representa para o operário-salário-mínimo? Para a moça que gostaria de ser bonita? Para o homem afetado pela inflação?
B. Por que o anão trabalha no circo?
C. O que deu origem à idéia de que ele ia engolir os cacos de vidro?
D. Ficou a multidão satisfeita em ver seu rosto e peito sangrando?
E. Por que a multidão parece dar a culpa ao anão pelos muitos problemas da vida no Brasil?
F. O que fez o povo quando ele ameaçou chamar o soldado?

25. Finep

A. Por que o diretor da Finep sentiu a necessidade de escrever esta carta?
B. Você pode fazer uma idéia do que o grupo tem sido acusado em cartas recentes?
C. É comum um evento como este em organizações que você conhece?

26. O dólar ficou louco

A. Como o jornal *Le Matin* explica a manchete "O dólar ficou louco"?
B. Que efeito teve a rápida alta do dólar nos mercados de câmbio de outros países?
C. Por que o autor se sentia tão seguro quando trabalhava no Peru?
D. O que o Sr. Guedes conseguiu comprar com dez mil dólares?
E. Há a possibilidade de que outra potência possa ultrapassar os Estados Unidos em poder?

27. Os mendigos dão esmolas

A. Por que os nordestinos tiveram pena dos sulistas?
B. Por que não faz sentido falar em recuperar a economia do Nordeste?
C. Como o autor usa a comparação do Nordeste com a Atlântida?
D. Quais os diferentes modos como o autor descreve a área das secas?
E. Qual foi o fato que enfureceu tanto o autor e que o levou a escrever este artigo?
F. Que organismo governamental lhe parece mais apropriado para fazer qualquer coisa pelo Nordeste?
G. O autor acredita que a área das secas será eventualmente recuperada?

28. As aves que aqui já não gorjeiam mais

A. Quando é que você percebe que este artigo não é apenas uma recordação de tempos idos?

B. Por que o cronista precisa de um canário?

C. Que palavras e expressões o autor usa para descrever cores, especialmente o vermelho?

D. Que grupo contemporâneo torna impossível alguém possuir um pássaro?

E. Procure todas as palavras "pássaro" neste artigo.

F. O que faria uma moça bonita para levantar o moral do Brasil?

G. Qual é a relação entre o artigo e o conhecido poema?

29. Bom exemplo

A. Existe alguma lei no bairro do Leblon no Rio sobre o assunto tratado na carta?

B. Você tem na área onde vive legislação semelhante?

30. Controle de animais

A. O que a Prefeitura considera o maior problema com cães?

B. O que é que o autor acha o mais importante?

C. O autor acha que a plaquinha é útil?

31. Catedral de Brasília

A. Por que razão foi escrita esta carta?

B. O que diz o Monsenhor acerca de críticas tanto construtivas quanto destrutivas?

C. Foram feitos recentemente quaisquer melhoramentos ou construções?

D. Quais os problemas que permanecem com a manutenção?

E. Qual o dano causado à Catedral e por quem?

F. O que falta ainda construir?

G. Por que é difícil manter limpas as janelas da Catedral?

H. Que organizações têm ajudado na construção ou manutenção da Catedral?

32. Perfil da cidade mirim

A. Existe "a cidade mirim"?

B. Qual é o papel da praça e da igreja na vida de uma cidade pequena?

C. Que espécie de pessoas e tipos vivem nessa cidadezinha?

D. Qual o símile usado para descrever o ônibus passando ao longo da sua rota?

E. Qual é a maior preocupação das moças nesta cidadezinha?

F. Qual é a atitude dos moradores a respeito do tempo?
G. O que fazem as pessoas de idades diferentes à tarde? E à noite?
H. É este artigo mais profundo do que parece à primeira vista?

33. A noite do medo

A. Como Cesário encara o futuro?
B. Qual a idéia dele sobre Deus?
C. Por que parece estranho Cesário explicar os desígnios de Deus?
D. O que o Cesário e o amigo resolveram fazer?
E. Como eles armaram a emboscada para o índio?
F. Como foram usadas as palavras indígenas na história?
G. Como terminou a briga a faca?
H. O que acabou fazendo o narrador da história?

34. Para que utopias?

A. A que e a quem o autor está respondendo?
B. Qual é, para o autor, a definição de "utopia"?
C. E você, o que entende por "utopia"?
D. Quando é mais provável o surgimento de uma utopia?
E. Quais os grandes pensadores que foram utopistas?
F. O que pode proporcionar uma idéia utópica prática?
G. Por que o autor se admira da atual falta de idéias utópicas?

35. Nota: Caminhos cruzados

A. Qual é a metáfora usada pelo autor para a sua memória?
B. O que o autor se propunha comprar?
C. Qual o uso dado pelo autor para "botões"?

36. Memória de Olinda: Os Quatro Cantos

A. O que despertou no autor recordações da sua infância?
B. Qual o assunto principal deste artigo?
C. Que evento importante ocorreu nos Quatro Cantos?
D. Quais os edifícios ali localizados?
E. Que pessoas o autor descreve em detalhe?
F. Explica o autor a finalidade do seu artigo?

Appendix 1: Alphabetical List of Authors

Appendix 2: Alphabetical List of Titles

Appendix 3: States and Territories, Abbreviations, Capitals

States

Acre (AC) Rio Branco
Alagoas (AL) Maceió
Amazonas (AM) Manaus
Bahia (BA) Salvador
Ceará (CE) Fortaleza
Espírito Santo (ES) Vitória
Goiás (GO) Goiânia
Maranhão (MA) São Luiz
Mato Grosso (MT) Cuiabá
Mato Grosso do Sul (MS) Campo Grande
Minas Gerais (MG) Belo Horizonte
Pará (PA) Belém
Paraíba (PB) João Pessoa
Paraná (PR) Curitiba
Pernambuco (PE) Recife
Piauí (PI) Terezina
Rio de Janeiro (RJ) Rio de Janeiro
Rio Grande do Norte (RN) Natal
Rio Grande do Sul (RS) Porto Alegre
Rondônia (RO) Porto Velho
Santa Catarina (SC) Florianópolis
São Paulo (SP) São Paulo
Sergipe (SE) Aracaju
Tocantins (TO) Miracema do Norte

Distrito Federal (DF) Brasília

Territories

Amapá (AP) Macapá
Fernando de Noronha (FN) [no capital]
Roraima (RR) Boa Vista

Abbreviations

abr. - abbreviation
adj. - adjective
adv. - adverb
cap. - capitalized
colloq. - colloquial
comp. - comparative
conj. - conjunction
contr. - contraction
dim. - diminutive
ed. - edition
esp. - especially
f. - feminine noun
Frn. - French
impers. - impersonal

indecl. - indeclinable
interj. - interjection
interr. - interrogative
Lat. - Latin
m. - masculine noun
num. - numeral
pl. - plural
pp. - past participle
prep. - preposition
pron. - pronoun
refl. - reflexive
Spn. - Spanish
superl. - superlative
v. - verb

Union Glossary

abafar v. suffocate, stifle
abaixar-se v. bend over
abaixo adv. below, under
abalroar v. collide with
abandonar v. abandon
abdominal adj. abdominal
abismo m. abyss, chasm
abordagem f. interaction, approach, collision
aborrecimento m. nuisance, tediousness
abraçar v. embrace
abrir (pp. aberto) v. open
absoluto adj. absolute
absorção f. absorption
absorver v. absorb
abuso m. abuse
acabar v. finish
academia f. academy
ação f. action, activity
acarretar v. cause
acaso m. chance
aceitar (pp. aceito) v. accept, agree with
acentuar v. emphasize
achar v. think, find
acidente m. accident
acima adv. above
acionar v. activate
acobertar v. hide, protect
acomodar v. accommodate, arrange
acompanhar v. accompany
aconselhar v. advise, persuade
aconselhável adj. advisable
acontecer v. happen
acordo m. agreement
acreditar v. believe (in)
acrescentar v. add
acudir v. help, flock to
acúmulo m. accumulation
acusação f. charge, prosecution
acusar v. accuse, indicate
adentro adv. inwardly, indoors
adequação f. adaptation, adjustment
adeuzinhos m. pl. (dim. of adeus) goodbyes
adiantar v. add, advance

adiante adv. further on
adicional adj. additional
adjetivo m. adjective
administração f. administration
administrativo adj. administrative
admiração f. admiration, wonder
admirador m. admirer, lover
admirar v. admire, astonish
admirável adj. admirable
adolescência f. adolescence
adolescente adj. adolescent
adquirir v. acquire
aduzir v. adduce, add
advérbio m. adverb
advertência f. remark, warning
advogado m. lawyer
aérea adj. aerial, airy
aeronave f. aircraft
afastar v. remove, move away from
afazeres m. pl. work, business, affairs
aferir v. gauge, indicate
Aff-maria interj. corruption of Ave Maria
afinal adv. after all
afirmar v. affirm, warrant
aflito adj. worried
afobar v. hurry, embarrass
afoito adj. bold, daring
África f. Africa
afundamento m. depression
agir v. act
agitar v. shake, disturb, excite
agoniar v. distress, afflict
agora adv. now
agosto m. August
agradar v. please
agradecer v. thank
agravar v. aggravate
agremiação f. reunion, fellowship
agricultura f. agriculture
água f. water
ah interj. ah!
aí adv. there
ainda adv. still, yet, again

ajeitar v. arrange, manage, adapt
ajoelhar v. kneel
ajudar v. help
ajuntamento m. crowd, assembly, meeting
ajustar v. adjust, accord, fit
alastrar v. spread
alcançar v. reach, arrive at
aleatório adj. random
alegar v. allege, quote
alegoria f. allegory
alegrar v. cheer, gladden
alegre adj. happy
alegria f. happiness
além de prep. aside from, beyond
Alemanha f. Germany
alemão (pl. alemães) adj. German
alertar v. alert, alarm
alfabetização f. literacy
alfaia f. furnishings, ornament
alfaiar v. adorn, beautify
algo pron. something, a little
alguém pron. someone
algum adj. some
alheio adj. of others
aliás adv. otherwise, besides
alimento m. nourishment
aliviar v. ease, diminish
alívio m. relief
alma f. soul
almoço m. lunch
alpinista f., m. mountaineer
alteração f. variation, discord
alternativo adj. alternative
alterofilista, halterofilista f., m. weightlifter
alto adj. high, upper
altruismo m. altruism
altura f. altitude, time
alucinação f. delusion
aludir v. to mention, hint
aluno m. student
alvo m. aim, design
alvoroçado adj. restless
amadurecer v. ripen
amamentar v. nurse, suckle
amanhã adv., m. tomorrow
amanhecer v. grow light, dawn
amante f., m. lover
amar v. love
amargar v. suffer, embitter
amarrar v. hang, tie, fasten
amassar v. mix, knead
amável adj. friendly

ambição f. ambition
ambiental adj. circumstantial, environmental
ambiente m. atmosphere
âmbito m. circuit, ambit
ambos adj. both
ambulatório m. clinic
amenizar v. ease, make pleasant
americano adj. American
Américas f. pl. the Americas
amigo m. friend
amizade f. friendship
amofinar v. vex, fret, grieve
amor m. love
amplo adj. extensive
analfabetismo m. illiteracy
análise f. analysis
analítico adj. analytical
anão m. dwarf
andar m. floor, story; v. go, walk
andorinha f. swallow
anêmico adj. weak, anemic
anexo m. annex
anglo-americano adj. Anglo-American
angústia f. agony, sorrow
animal m. animal
animar v. animate
aniversário m. anniversary
ano m. year
anoitecer v. become night
anônimo adj. anonymous
anotação f. notation, remark
anseio m. anxiety
ânsia f. anguish, anxiety
anterior adj. previous
antes adv. before, first; — de before
antibiograma m. a medical test
antibiótico m. antibiotic
anticoncepcional m. contraceptive
antigo adj. ancient, old
antitérmico m. antipyretic
anual adj. yearly
anunciar v. announce
apagar v. wipe out, put out
aparecer v. appear, begin
aparecimento m. appearance
aparelho m. apparatus
aparente adj. apparent
aparição f. appearance, vision
apavorar v. frighten
apelo m. appeal
apenas adv. scarcely, hardly
aperfeiçoar v. perfect, improve

apertar v. press
apesar de prep. despite
aplauso m. applause
aplicação f. usage
aplicar v. apply
apoio m. support
apontar v. aim, point out, hint
após adv., prep. after
apostar v. bet
apreciar v. appreciate
aprender, apreender v. learn, understand
aprendizagem f. knowledge, apprenticeship
apresentar v. present
apressar v. hurry
apropriado adj. proper
aproveitar v. take advantage of, enjoy
aquático adj. aquatic
aqui adv. here
aquisição f. acquisition
ar m. air, behavior
Arábia f. Arabia
arcaizante adj. archaic, old-fashioned
arcebispo m. archbishop
argumento m. argument, reason
armar v. arm
arquidiocese f. archdiocese
arquiteto m. architect
arrancar v. push or pull with force
arranjar v. arrange, set in order
arrebentação f. surf
arrecadação f. collection
arreganhar v. split open
arrematar v. end up, complete
arrepiar v. shiver with fear or cold, get the creeps
arrevesar v. reverse, turn upside down, obscure
arriscar v. venture, endanger
arrotar v. belch, bluster
arte f. art, skill
articulista f., m. writer of articles
artificial adj. artificial
artigo m. article
artista f., m. artist
artístico adj. artistic
árvore f. tree
asa f. wing, handle
asfaltar v. pave
asfalto m. asphalt
Ásia f. Asia
aspecto m. aspect, feature
aspirar v. inspire, aspire, absorb, covet
assaltante f., m. assailant

assalto m. assault
assessoria f. main office
assim adv. thus
assinar v. sign, subscribe
assistente f., m. assistant, resident
assistir v. attend, help, watch
assombração f. apparition, terror
assumir v. assume
assunto m. topic, affair
assustar v. frighten, startle
atacar v. attack, assail
até prep. until, up to
atenção f. attention, respect; interj. watch out!
atendente f. assistant
atender v. attend to
atendimento m. attention
atentatório adj. offensive
atento adj. careful, observant
aterrar v. cover with earth
aterrorizar v. terrify
atestar v. attest
atingir v. reach, conceive
atirar v. throw
atitude f. attitude, posture
atividade f. activity
ato m. act, action
à-toa adv. very small and unimportant, random
ator m. actor, player
atordoar v. confuse, bewilder
atormentar v. torture
atrapalhação f. disorder, confusion
atrás adv. behind, back
atrasar v. put or set back
atraso m. delay
através adv., prep. through
atravessar v. cross, come across
atribuir v. attribute
atropelar v. run over, trample
atropelo m. trampling
atuação f. intervention
atual adj. current
audácia f. audacity, impudence
audaz adj. bold, adventurous
audiência f. audience
auditivo adj. auditory
aumentar v. increase, amplify
aumento m. increase
aurora f. dawn
autêntico adj. authentic
auto m. official report
autonomia f. autonomy
autônomo adj. autonomous

autor *m.* author
autoria *f.* authorship
autoridade *f.* authority
autoritário *adj.* commanding, despotic
autorização *f.* authorization
auto-suficiência *f.* self-sufficiency
auxiliar *adj.* auxiliary
avaliação *f.* estimation, consideration
avalizar *v.* guarantee, give moral support
avançar *v.* advance
avanço *m.* advance
ave *f.* bird
avenida *f.* avenue
aventar *v.* air, guess
avesso *adj.* opposed to, opposite; *m.* wrong side, perversity
ávido *adj.* greedy, eager, hungry
avisar *v.* advise, warn
aviso *m.* notice, warning, advice
avistar *v.* discern, see clearly
azul *adj.* blue
azul/elétrico *adj.* electric blue

bacana *indecl. adj.* terrific
badalar *v.* clang, ring, gossip, flatter
baiano *adj.* of Bahia
bailarina *f.* dancer, ballerina
bairro *m.* district
baixinho *adj.* (*dim. of* baixo) small, humble
baixio *m.* sandbank, lower part of the city
baixo *adj.* low, small; de — down
balaustrada *f.* railing
balcão *m.* balcony
baleia *f.* whale
balet *m.* ballet
banana *f.* banana
banca *f.* newsstand
banco *m.* bank, bench
bandeira *f.* flag, banner
bar *m.* bar
barbatana *f.* flipper
barca *f.* boat
barrar *v.* bar, obstruct
barriga *f.* stomach
barriguda *f.* tree with broad trunk
barrigudo *adj.* obese, stout
barulho *m.* noise
base *f.* base, basis
basear *v.* base
bastante *adj., adv.* enough, a good deal
bastar *v.* be enough
batalhão *m.* battalion

batismo *m.* baptism
bebê *m.* baby
beber *v.* drink
beijar *v.* kiss
beira *f.* brink, edge
Bélgica *f.* Belgium
belo *adj.* fair, beautiful
bem *adv.* very, well
bem que *adv.* indeed
bem-vindo *adj.* welcome
benéfico *adj.* beneficial, useful
bermudas *f. pl.* Bermuda shorts
bica *f.* pipe, point; na — para about to
bicho *m.* animal, guy
bilhão *m.* billion
bilhar *m.* billiards
binóculo *m.* binocular
biqueira *f.* ornamental downspout
bispo *m.* bishop
bloco *m.* group of Carnaval dancers
bloquear *v.* block, stop payment
blusa *f.* blouse
boate *f.* nightclub
boca *f.* mouth
bodas *f. pl.* wedding, anniversary
boi *m.* bull, ox
bola *f.* ball
bolsa *f.* purse, bag
bolso *m.* pocket
bom *adj.* good
bondoso *adj.* kind, good
bonito *adj.* pretty, fine
bordo *m.* act or effect of boarding; a — de on board
bossa *f.* style, flair
botão *m.* button, flower bud
botar *v.* put, come out
botija *f.* jar, bottle
branco *adj.* white
brasileiro *adj.* Brazilian
brejo *m.* marsh, bog
breu *m.* pitch, tar
brigar *v.* fight
brilhante *adj.* brilliant; *m.* diamond
brilhar *v.* sparkle, excel
brincadeira *f.* fun, play
brincar *v.* play, sport
brinco *m.* earring
bronze *m.* bronze
bugre *m.* Indian, savage, brute
bulhufas, bulufas *f. pl.* nothing, not a word
buraco *m.* hole

Glossary

burgo *m.* town, community
burocrático *adj.* bureaucratic
busca *f.* search, examination
businar, buzinar *v.* honk

cá *adv.* here, hither
cabeça *f.* head
cabeça-d'água *f.* high surf
cabeleira *f.* hair
cabelo *m.* hair
caber *v.* fit, be contained in
cabimento *m.* relevance, suitability
caboclinho *m.* dancer of a popular dance
caboclo *m.* a person who is a mixture of white and Indian
caça *f.* hunt, chase
caçada *f.* hunting party, game
caçador *m.* hunter
cachaça *f.* Brazilian rum
cachaceiro *m.* drunkard
cachorro *m.* dog
caco *m.* shard, fragment
cada *indecl. adj.* each, every
cadastro *m.* register, census
cadavérico *adj.* of a cadaver
cadê *Brazilian expression for* 'where is...?'
cadeia *f.* jail, chain
cadeira *f.* chair, seat
caderno *m.* section of a newspaper, notebook
café *m.* coffee; — da manhã breakfast
cair *v.* fall
caixa *f.* box
caixa-de-guerra *f.* small drum
caixão *m.* coffin
calça *f.* trouser(s)
calça-curta *f., adj.* short pants, hence inexperienced
calçada *f.* sidewalk, pavement
calçadão *m.* broad sidewalk
calçado *m.* footwear, shoe
calmo *adj.* calm, still
calo *m.* corn, callus
calvo *adj.* bare, bald
camada *f.* layer
câmara lenta *f.* slow motion
câmbio *m.* exchange, change
caminho *m.* way, road
camisa *f.* shirt
camisaria *f.* shirt factory, haberdashery
campanário *m.* steeple, bell tower
campanha *f.* campaign
campo *m.* field, country, matter, subject

camponês *m.* country person, farmer
canário *m.* canary
canhestro *adj.* awkward, left-handed
cantar *v.* sing
canteiro *m.* planter
canto *m.* corner, song
cão (*pl.* cães) *m.* dog
capacidade *f.* capacity
capacitação *f.* comprehension, skill
capaz *adj.* capable, fit
capela *f.* chapel
capital *f.* capital city
capítulo *m.* chapter, section
caprichoso *m.* capricious
cara *m.* guy, character, someone
característica *f.* characteristic
característico *adj..* characteristic
caracterizar *v.* characterize
caralho *m.* penis
caráter *m.* character
cardume *m.* school (of fish)
cargo *m.* status, burden
carinho *m.* care, caress
carinhoso *adj.* kind, loving
carioca *adj.* of Rio de Janeiro (city)
carnaval *m.* Carnaval
carnavalesco *adj.* of Carnaval
carne *f.* flesh, meat
caro *adj.* dear
carregar *v.* load
carro *m.* automobile, car
carta *f.* letter
casa *f.* house, home
casar *v.* marry
cascavel *m.* rattlesnake, small round bell
caso *m.* accident, cause, event; pouco — disregard
cassar *v.* cancel, revoke
catedral *f.* cathedral
categoria *f.* category
católico *adj.* Catholic
catorze *num.* fourteen
cauda *f.* tail
causa *f.* cause, lawsuit; por — de because of
cavalo *m.* horse
cedo *adv.* soon, early
celebrar *v.* celebrate
cemitério *m.* cemetery
cena *f.* scene
centena *f.* hundred
centímetro *m.* centimeter
central *adj.* central

centro *m.* center, club
Centro-Oeste *m.* part of Brazil
cera *f.* wax
cercar *v.* enclose, surround
certa vez *adv.* once (upon a time)
certeza *f.* certainty
certo *adj.* certain, sure
céu *m.* heaven, sky
chá *m.* tea
chamado *adj.* called, so-called
chamar *v.* call
chantagista *f., m.* blackmailer, extortionist
chão *m.* ground, soil
chapéu *m.* hat
chapéu-de-couro *m.* a plant
chefe *m.* head
chefia *f.* management, leadership
chegar *v.* arrive, reach, suffice
cheio *adj.* full
cheiro *m.* scent, aroma
cheque *m.* bank check
chocalho *m.* rattle, cowbell
chope *m.* (draught) beer
chorar *v.* cry
choro *m.* weeping
choviscar *v.* drizzle
chupar *v.* suck
churrascaria *f.* Brazilian grilled-meat restaurant
churrasco *m.* grilled meat, barbecue
chuva *f.* rain
chuvoso *adj.* rainy, wet
cidadão *m.* citizen, person
cidade *f.* city
cidade-vila *f.* very small city
ciência *f.* science
cima *f.* top, summit; **para —** upwards
cimo *m.* top, crown
cinco *num.* five
cinema *m.* cinema, movie
cinismo *m.* cynicism
cintura *f.* waist
cinza *f.* ash, cinder
ciranda *f.* popular song, dance
circo *m.* circus
circuito *m.* circuit
círculo *m.* circle, ring
circundar *v.* encircle
circunstância *f.* circumstance
cirurgia *f.* surgery
cirúrgico *adj.* surgical
citar *v.* cite
civil *adj.* civil, of the city

civilização *f.* civilization
civilizar *v.* civilize
civilizatório *adj.* civilizing
clandestino *adj.* illegal, secret
clarear *v.* grow clear, dawn
claro *adj.* bright, clear, fair, easy, plain
classe *f.* class, lesson
clássicas *f. pl.* the Classics
clássico *adj.* classic(al)
clima *m.* climate
clínica *f.* clinic
clube *m.* club
coçar *v.* scratch, itch
cobaia *f.* guinea pig
cobertura *f.* covering
cobra *f.* snake
coisa *f.* thing, matter
coitado *adj.* poor, wretched; **— de X** poor X!
colaboração *f.* collaboration
colaborar *v.* collaborate
coleção *f.* collection
colecionador *m.* collector
colega *f., m.* fellow passenger, colleague
colégio *m.* school, college
colibri *m.* hummingbird
cólica *f.* pain, cramp
colocar *v.* place, put
colonial *adj.* colonial
colonização *f.* colonization
coluna *f.* column, support, newspaper section
colunista *f., m.* writer of columns
comando *m.* command, control
combinar *v.* combine
começar *v.* begin
comentar *v.* comment on
comentário *m.* commentary
comer *v.* eat
comerciante *m.* merchant, businessman
comércio *m.* commerce, business, trade, affairs
cometer *v.* commit
cômico *m.* comedian
comissão *f.* commission
comissário *m.* employee, agent
como *adv., conj.* like, how
cômodo *adj.* comfortable
comovedor *adj.* soul-stirring, impressive
comover *v.* disturb, touch (emotionally)
companheira *f.* companion
companheiro *m.* companion
companhia *f.* company
comparação *f.* comparison
comparar *v.* compare, confront

comparecer v. be present at
compensação f. compensation
competente adj. capable
competir v. compete
complemento m. complement
completar v. complete
completo adj. complete
complexidade f. complexity
complexo m. complex
complicar v. complicate, mix
comportar-se v. behave
compoteira f. canning jar, compote
comprador m. buyer
comprar v. buy
compreender v. include, understand
comprometer v. compromise, oblige
compromisso m. commitment
comprovante m. proof, receipt
computador m. computer
comum adj. common
comunicação f. communication
conceituado adj. respected
concentrar v. unite, concentrate
concepção f. concept(ion)
concluir v. conclude
conclusão f. conclusion
concorrente f., m. competitor, contestant
concretizar v. make concrete, materialize
condenar v. convict, sentence
condição f. condition, circumstance
condicionar v. condition
conferência f. lecture, conference
conferir v. confer, compare, verify, give
confessar v. confess
confiança f. confidence, hope
confirmar v. confirm
confraternização f. brotherhood
confronto m. comparison, parallel
confundir v. mix up, confuse
conhecer v. know
conhecimento m. knowledge
conjugação f. conjugation
conjunto m. group
conquista f. conquest
consagrar v. dedicate
consciência f. conscience
consecutivo adj. consecutive
conseguir v. obtain, succeed
conselho m. council, counsel
conseqüência f. consequence
conservação f. maintenance
conservacionista f., m. conservationist

conservar v. preserve
consideração f. consideration
considerar v. consider
constante adj. constant
constar v. consist of
constatação f. determination, specification, proof
constatar v. discover
constituir v. form, consist of, appoint
constrangimento m. constraint
construção f. structure
construir v. construct
construtivo adj. constructive
consulta f. consultation
consultar v. consult
conta f. bill (to pay)
contabilidade f. accounting
contactar, contatar v. contact
contador m. teller
contaminar v. spread, corrupt
contar v. count, tell, include
contato m. contact
contentar v. satisfy, content
contexto m. context
continental adj. continental
continente m. continent, land
continuar v. continue
continuo adj. constant
conto m. story, tall story, account; — de réis m. one thousand milréis
contornar v. turn around
contra prep. against
contradizer v. contradict
contrair v. acquire, contract, assume
contrário adj. opposite, hurtful
contribuição f. contribution
contribuir v. contribute
controlar v. control
controle m. control
controvérsia f. controversy
contudo conj. nevertheless, however
convencer v. convince
conversar v. converse, be familiar with
convescote m. picnic
convidar v. invite
convir v. suit, be convenient
convite m. invitation
conviver v. live together, be sociable
cooperar v. cooperate
coordenador m. coordinator
coordenadoria f. head office
cópia f. copy

cor *f.* color
coração *m.* heart, core
coragem *f.* courage
cordão *m.* cord, thread
cor-de-rosa *adj.* pink
coreto *m.* bandstand
coro *m.* chorus
coronária *f.* coronary artery
corpo *m.* body
correção *f.* correction, punishment
corredor *m.* corridor
córrego *m.* ravine, stream
correio *m.* mail, postoffice
corrente *adj.* current, usual, of the current month
correr *v.* run
correspondência *f.* correspondence
corresponder *v.* correspond
correto *adj.* correct
corrida *f.* racecourse
corrigir (*pp.* **correto**) *v.* correct
corroer *v.* corrode, eat up
cortar *v.* cut
corte *m.* cut, style
cortês *adj.* courteous, polite
cortesia *f.* courtesy
costas *f. pl.* back
costela *f.* rib
costumar *v.* accustom, be accustomed to
costume *m.* custom, usage; *pl.* behavior
costura *f.* sewing, fashion
costurar *v.* sew, suture
costureiro *m.* tailor
cotizar-se *v.* participate, share, contribute
cotonete *m.* cotton-tipped swab
cotovia *f.* lark
couro *m.* leather
cova *f.* ditch, pit, grave
cozinha *f.* kitchen
crasso *adj.* crass, thick
credencial *f.* credential
creme *adj.* cream-colored
crenaque *m.* Indian of Botocudos tribe of the Rio Doce
crescer *v.* grow, grow up
criador *adj.* creative; *m.* breeder, creator
criança *f.* child
criar *v.* create
criatividade *f.* creativity
criatura *f.* creation, creature, person
criminalidade *f.* crime, history of crime
criminalista *m.* a lawyer who handles criminal matters

criminoso *adj.* criminal
crise *f.* crisis
crítica *f.* criticism
criticar *v.* criticize
crítico *adj.* critical
crônica *f.* article
cronista *f., m.* writer of **crônicas**
cruzamento *m.* crossing
cruzar *v.* cross
cruzeiro *m.* cruzeiro, Brazilian currency from 1942 to 1986
cuidado *m.* care
cuidar *v.* care, look out for
culpar *v.* blame, charge with
culto *adj.* educated, learnèd
cultura *f.* culture, learning
cumprir *v.* fulfill, accomplish
curar *v.* cure
curativo *m.* treatment, change of dressing
cúria *f.* curia
curiosidade *f.* curiosity
curioso *adj.* curious, odd
currupião *m.* oriole
curso *m.* course
curtir *v.* suffer
curto *adj.* short
custa *f.* cost, expense; **às custas de** at the expense of
custo *m.* cost, price

daí *conj.* hence, thence
dali *contr. of* **de** *and* **ali** thence
dança *f.* dance
dançar *v.* dance
dar *v.* give; — **-se** happen
datilografar *v.* typewrite
debaixo *adv.* under, beneath, below; — **de** underneath
debelar *v.* subdue, conquer
debruçar *v.* bend over
debulhar *v.* count off
década *f.* decade
decadência *f.* decline
decepção *f.* deception
decepcionar *v.* deceive, disappoint, disillusion
decerto *adv.* certainly
decidir *v.* decide
decifrar *v.* decipher
decisão *f.* resolution
declaração *f.* assertion
declarar *v.* declare
declinação *f.* declension, decline
decretar *v.* decree

dedicar v. dedicate, devote
deduzir v. deduce, infer
defeito m. fault, want
defender v. protect
deficiência f. fault, want
definitivo adj. decisive
deixar v. leave, permit
delegado m. delegate, deputy
delegar v. authorize, appoint
Déli m. Delhi
delinqüência f. delinquency
delta f. delta(-wing plane)
demais indecl. adj. other, remaining
democracia f. democracy
demonstrar v. demonstrate
denodado adj. bold, brave
denominação f. naming
denominar v. name, call
dentre prep. among
dentro adv., prep. within
denunciar v. denounce, reveal
dependência f. part of a building or organization
depender v. depend
depoimento m. testimony
depois adv., prep. after
deponente adj. deprecatory
deportação f. deportation
depredador m. vandal, robber
depredar v. vandalize, rob
derrubar v. overturn
desacreditar v. disillusion
desafiar v. challenge, tempt
desajeitado adj. clumsy
desajustado adj. deranged
desambição f. lack of ambition, modesty, unselfishness
desamparar v. abandon
desandar v. malfunction
desaparecer v. disappear
desastroso adj. disastrous
desatenção f. inattention
desatento adj. forgetful
descalço adj. barefoot
descaracterizar v. deprive of characteristics, make commonplace
descaso m. negligence
descer v. descend, land
descida f. descent
descobrir (pp. descoberto) v. discover, uncover
descolonização f. decolonization
desconcertante adj. disturbing, perplexing
desconexo adj. disconnected, incoherent

desconfiança f. suspicion
desconhecer v. ignore, refuse to recognize
descrença f. disbelief
descrente adj. unbelieving
descrever v. describe, explain
descrição f. description
desculpa f. excuse, apology
desculpar v. excuse
desde conj., prep. after, since
desejar v. desire
desejo m. desire
desembainhar v. unsheathe
desembocar v. flow into
desembolsar v. spend, expend
desempregado m. unemployed person
desenrolar v. develop, progress
desequilibrar v. unbalance
deserto m. desert
desesperado adj. desperate, hopeless, mad
desesperador adj. hopeless
desesperança f. despair
desespero m. despair, anger
desestimular v. discourage
desestrutura f. lack of structure
desfalcar v. plunder, rob
desfeito adj. broken, dissolved
desgraça f. disgrace, misfortune, accident
desgramado adj. ignorant, illiterate (perhaps used instead of desgraçado)
designativo adj. distinctive
desígnio m. design, purpose
desindexação f. deindexation
desinteresse m. disinterest
desistir v. cease
desleal adj. disloyal, false, dishonest
deslocar v. displace
deslumbrar v. fascinate, tempt
desmoralizante adj. demoralizing, corrupting
desocupado m. unemployed person
desorganização f. disorganization
desorganizar v. disorganize, break up
despedir-se v. say goodbye
despesa f. payment, cost
desprender v. release from, loosen
desprestígio m. loss of reputation or prestige
desprezo m. contempt, scorn, carelessness
destacar v. excel, exceed, point out
destaque m. prominence, emphasis
destinar v. destine, consign, appoint
destino m. fate, purpose
destruir v. destroy
desvencilhar-se v. get rid of

desventura f. misfortune
detentor m. detainer, holder
detentora f. holder, possessor
deter v. detain, retain
detestar v. detest
detetive m. detective
Deus m. God
dever v. need to, owe
devido adj. due, just
devolver v. return
devorar v. eat up
devotar v. devote, dedicate
dez num. ten
dezena f. "dozen", a group of ten
dia m. day
dia-a-dia m. daily life
diagnosticar v. diagnose
diagnóstico m. diagnosis
diálogo m. dialogue
diamante m. diamond
diante adv. before, toward; — **de** before, in front of
diário adj. daily
dicionário m. dictionary
diferenciar v. differentiate
diferente adj. different
difícil adj. difficult
dificilmente adv. hardly
dificuldade f. difficulty
dilapidar v. fall into decay
dimensão f. dimension
diminuir v. lessen
dinâmico adj. energetic
dinamitar v. dynamite
dinamizar v. stimulate
dinheiro m. money
direção f. direction
direita f. right hand or side
direito m. title, right, law
direto adj. direct, immediate; **via direta** directly
dirigir v. direct, address, drive; — **-se** apply, be directed
discreto adj. tactful, prudent
discurso m. discourse
discutir v. discuss
dispensar v. dispense with
dispersar v. disperse
disponível adj. available, ready for use
dispor v. predispose, make available
disposição f. disposition, disposal
disputa f. dispute, discussion
disputar v. dispute

dissabor m. nuisance
distância f. distance
distante adj. far
distrair v. amuse, distract
distrito m. district
diversidade f. diversity
diverso adj. diverse, pl. several
divertido adj. amusing, funny
divertir v. amuse
dívida f. debt
divisor m. divider, divisor
dizer (pp. **dito**) v. say
doador m. giver
doce adj. sweet
doente adj. sick
dois num. two
dólar m. dollar
dom m. talent, qualification
dominação f. domination
dominador m. ruler
dominante adj. dominant, predominant
dominar v. dominate
domingo m. Sunday
domínio m. region, rule
dona f. lady, Mrs.
donativo m. donation, gift
dono m. master, owner
donzela f. young woman
dorso m. back
doutor f. and m. doctor
dramático adj. dramatic
drástico adj. drastic
drenagem f. drainage
dreno m. drain
duplicar v. double, duplicate
duplo adj. double
duração f. duration
durante prep. during
durar v. last
dúvida f. doubt

eclipse m. eclipse
ecologista f., m. ecologist
economia f. economy
econômico adj. economic
ed. abr. **edição**
Éden m. Eden
edição f. edition
edifício m. building
editar v. publish, edit
editor m. editor, publisher
educação f. education

educacional *adj.* educational
educar *v.* educate, teach, bring up
educativo *adj.* educational
eficiente *adj.* efficient
eis *adv.* here is, there is
electrônico, eletrônico *adj.* electronic
eleger *v.* (*pp.* **eleito**) elect
elemento *m.* element, fellow
elétrico *adj.* electric
elevador *m.* elevator
elogiar *v.* praise, applaud
embaraçar *v.* embarrass
embaraço *m.* perplexity, trouble
embarafustar *v.* burst in, penetrate
embargo *m.* impediment; **sem embargo** nevertheless
embarque *m.* shipment
embora *adv.* away; *conj.* although; **ir — go away**
embrulho *m.* package
emendar *v.* emend, correct
emergência *f.* emergency
emigrar *v.* emigrate
emoção *f.* emotion
empanzinamento *m.* fullness
empobrecimento *m.* impoverishment
empregado *m.* employee
empregar *v.* employ
emprego *m.* job, use
empresa *f.* company, business
empresário *m.* entrepreneur, manager
empurrar *v.* push
encalço *m.* pursuit, track
encarar *v.* face, stare at
encarregar *v.* put in charge
enceradeira *f.* floor polisher
encher *v.* fill, occupy
encomenda *f.* order (for goods)
encontrar *v.* find, meet; — -se be
encosta *f.* slope, incline
encrespar *v.* get angry
endereço *m.* address
enérgico *adj.* energetic
enfermeira *f.* nurse
enfim *adv.* finally, in short
enganar *v.* deceive; — -se be mistaken
enganjento *adj.* silly, vain
engano *m.* error, mistake
engarrafar *v.* create a bottleneck in traffic
engendrar *v.* cause
engenho *m.* mind, talent, wit, engine
engolir *v.* swallow

engraçado *adj.* graceful, amusing, funny
engravidar *v.* make or become pregnant
engraxate *m.* shoeshine boy
engrenar *v.* engage, shift gears
enquanto *conj.* while
enredo *m.* story, plot, puzzle
ensaio *m.* essay
ensurdecedor *adj.* deafening
entanto *adv., m.* meanwhile
então *adv.* at that time, then
entender *v.* understand
entendimento *m.* understanding
enterrar *v.* bury
enterro *m.* burial
entidade *f.* entity, organization
entoar *v.* intone
entrada *f.* entrance
entrar *v.* enter, start
entre *prep.* between, among
entretanto *adv.* meanwhile, however
entupir *v.* block, stop up
envenenar *v.* poison
enveredar *v.* go toward, guide, lead, direct one's course
envergonhar *v.* shame
enviar *v.* send
enviuvar *v.* become a widow(er)
envolver *v.* involve, wrap
enxergar *v.* distinguish
enxurrada *f.* shower, plenty
época *f.* era, season
erguer *v.* raise, build, found
erro *m.* error, mistake
erudito *adj.* learnèd
esbanjar *v.* squander, lavish
escalada *f.* scaling, climbing
escancarar *v.* open wide
escandaloso *adj.* scandalous
esclarecer *v.* clarify, clear
esclarecimento *m.* clarification
escol *m.* choice, elite
escola *f.* school
escolher *v.* choose
esconder *v.* hide, conceal
escorrer *v.* flow out
escravidão *f.* slavery
escravo *m.* slave
escrever (*pp.* **escrito**) *v.* write
escritor *m.* writer, author
escritório *m.* office
escrupuloso *adj.* scrupulous
escultura *f.* sculpture

escuro *adj*. dark, gloomy, dim
escuso *adj*. useless, unnecessary, hidden
esforço *m*. effort, struggle
esmola *f*. alms, charity
Esopo *m*. Aesop
espaço *m*. space, place
espanhol *adj*. Spanish
espantar *v*. astonish, frighten
espanto *m*. surprise, fright
especial *adj*. special
especialista *f., m*. specialist, expert
especializar *v*. specialize
espécie *f*. kind, sort
especificação *f*. specification
específico *adj*. specific
espectador *m*. spectator
espelho *m*. mirror
espera *f*. waiting, expectation
esperança *f*. hope
esperar *v*. expect, wait for
espetáculo *m*. spectacle
espichar *v*. string up
espírito *m*. spirit
esporte *m*. sport
esportivo *adj*. sporting
esposa *f*. wife
esquecer *v*. forget
esquecimento *m*. forgetfulness
esquema *m*. plan, design
esquerda *f*. left side or hand
esquerdo *adj*. left
esquina *f*. corner, angle
esquisito *adj*. strange
essencial *adj*. essential, important, principal
estação *f*. station, season
estacionamento *m*. parking, parking lot
estado *m*. state
estadual *adj*. of a state in Brazil
estampar *v*. print
estar *v*. be
estender *v*. extend, expand
esterilização *f*. sterilization
esticar *v*. stretch
estilístico *adj*. stylistic
estimação *f*. estimate, esteem
estimular *v*. stimulate
estonteante *adj*. stunning
estória *f*. story, tale
estouro *m*. explosion, surprise
estrada *f*. road, highway
estrangeiro *adj*. foreign
estranho *adj*. strange

estratégico *adj*. strategic
estreito *adj*. narrow, tight
estrela *f*. star
estridente *adj*. harsh, noisy
estrutura *f*. structure
estudante *f. and m*. student
estudar *v*. study
estudo *m*. study, endeavor
estupim *m*. wick, fuse
êta *interj*. what a...!
ética *f*. ethics
etimológico *adj*. etymological
Europa *f*. Europe
europeu *adj. m. (f*. européia) European
evento *m*. event
eventualidade *f*. chance
evidente *adj*. evident, clear
evitar *v*. spare, avoid
evoluir *v*. develop, progress
ex-aluno *m*. alumnus
exame *m*. examination
examinar *v*. examine
exato *adj*. exact
exceção *f*. exception
excedente *adj*. surplus, exceeding
Excelência *f., m*. Excellency
excelente *adj*. excellent
excessivo *adj*. excessive
excitar *v*. excite, stir up
exclusividade *f*. exclusivity
exclusivo *adj*. exclusive
ex-dono *m*. (former) owner
execução *f*. execution
exemplar *adj*. exemplary; *m*. example, pattern
exemplo *m*. example
exeqüível *adj*. workable, possible
exercer *v*. carry out, pursue
exercício *m*. exercise; X em — acting X
exibição *f*. exhibition
exibir *v*. exhibit, show
exigência *f*. requirement
exigir *v*. demand, require
exilar *v*. exile, banish
existência *f*. existence
existente *adj*. in existence
existir *v*. exist
ex-ministro *m*. ex-minister
Exmo. *adj. contr. of* excelentíssimo
expediente *m*. office hours
expedir *v*. send, deliver
experiência *f*. experience

experimentar v. undergo, experience, suffer
explicação f. explanation
explicar v. explain
explodir v. explode
explosivo adj. explosive
expressão f. expression
expressar (also exprimir) (pp. expresso) v.
   express
êxtase m. ecstasy, rapture
extensão f. extension, duration
extenso adj. extensive
exterior adj. exterior
externo adj. external, foreign
extinguir (pp. extinto) v. extinguish
extremo adj. extreme

fábrica f. factory
fabricação f. manufacture
fabricar v. make
fábula f. fable, story
faca f. knife
facão m. large knife
face f. face
fácil adj. easy
faculdade f. faculty
falar v. speak, talk
falecer v. die
falecimento m. death
falhar v. fail
falsear v. misrepresent, betray
falso adj. false
falta f. lack
faltar v. fail, lack
fama f. fame, renown
família f. family
familiar adj. familiar; f., m. relative
familiarizar v. familiarize
famoso adj. famous
fanhoso adj. snuffling, nasal
fantasia f. fantasy
fantasma m. fantasy, ghost
farinha f. flour, meal
farmácia f. drugstore
farol m. lighthouse
farra f. spree; de — just for fun, by accident
fartamente adv. fully
fase f. phase, stage
fato m. fact, deed, event
favela f. slum
favelado m. slumdweller
favor m. favor
fazedor m. maker

fazenda f. farm, plantation
fazer (pp. feito) v. make, do
fé f. faith
febre f. fever
fechamento m. closing
fechar v. close
fecundação f. fertilization
fecundo adj. fruitful
federal adj. federal
feição f. form, aspect, kind, style, character
felicidade f. happiness
feliz adj. happy
felizardo adj. lucky
fenômeno m. phenomenon
férias f. pl. holidays
ferimento m. wound
fero adj. fierce, wild, cruel
fértil adj. fruitful, fertile
festa f. festival, feast
fiado m. credit
ficar v. be, be located, become, remain
fidalgo adj. noble, magnanimous
fidedigno adj. credible, trustworthy
figura f. figure
figurado adj. figurative
filha f. daughter
filho m. child, son, baby
filhote m. baby, child
filial m. branch
filme m. film
filosófico adj. philosophical
fim m. conclusion, aim
final adj. last; m. end
finalidade f. purpose, result
finalizar v. finish
finanças f. pl. finance(s)
financeiro adj. financial
financiadora f. financial office
fino adj. fine
fio m. thread
física f. physics
fisionomia f. features, air
fita f. ribbon, film
fito m. aim, intention
fixar v. fix, fasten
flagelar v. scourge
flexão f. inflection
flexional adj. inflectional
flexionar v. inflect
flexível adj. flexible
flor m. flower
florescer v. flourish, bloom

fluido *adj.* fluid
folclore *m.* folklore
folha *f.* leaf, sheet
folheto *m.* leaflet
fome *f.* hunger, appetite
fora *adv.* out, outside
força *f.* force
forma *f.* form
formação *f.* formation
formar *v.* form, fashion; — -se study for a
   degree, graduate
forte *adj.* strong
fortuna *f.* fortune
fosco *adj.* dim
fotográfico *adj.* photographic
fracassar *v.* break, fail
frágil *adj.* fragile, tender
França *f.* France
francês *adj.* French
franco *adj.* frank, open; *m.* French franc
frase *f.* phrase, sentence
freira *f.* nun
frente *f.* front
freqüência *f.* frequency, crowd, attendance
freqüentador *m.* visitor, watcher
frevo *m.* Carnaval dance in the north
frio *adj.* cold
frustrar *v.* frustrate, disconcert
fugir *v.* flee, escape
fulvo *adj.* tawny
função *f.* function
funcional *adj.* functional, functioning
funcionar *v.* function
funcionário *m.* employee
fundamental *adj.* fundamental
fúria *f.* fury, frenzy
furioso *adj.* furious
futebol *m.* soccer
futuro *m.* future

gabinete *m.* office
gaiola *f.* cage
gaivota *f.* gull
galeto *m.* small chicken
galo *m.* cock
galopar *v.* gallop
ganhar (*pp.* ganho) *v.* gain, win
ganho *m.* earnings, profit
garantir *v.* warrant, state
gastar (*pp.* gasto) *v.* spend, waste, consume
gato *m.* cat
gaúcho *adj.* of southern Brazil

gazeta *f.* gazette, newspaper
generalizar *v.* generalize
gênero *m.* kind, species
generoso *adj.* generous
gênio *m.* genius, demon
gente *f.* people
geografia *f.* geography
geral *adj.* general
gerência *f.* management
germinação *f.* germination
gerúndio *m.* gerund
gerundivo *m.* gerundive
gesto *m.* gesture
ginásio *m.* secondary school
glória *f.* glory
glorioso *adj.* glorious
glossário *m.* glossary
golfinho *m.* dolphin
golpe *m.* trick, shock, bad luck
gonguê *m.* small drum
gorducho *adj.* plump, stout
gorjear *v.* warble, sing
gostar *v.* like, prefer
gosto *m.* taste, flavor
gostoso *adj.* delightful, delicious
governador *m.* governor
governo *m.* government
graça *f.* grace; de — free; *pl.* thanks
gracejo *m.* joke
grade *f.* railing
grafar *v.* spell
grafia *f.* spelling, writing style
gramática *f.* grammar
gramatical *adj.* grammatical
gramático *m.* grammarian
grande *adj.* great
grandiosidade *f.* grandeur
grandioso *adj.* magnificent
gratidão *m.* gratitude
gratuito *adj.* gratuitous, free
grau *m.* degree
graúdo *adj.* mature, great
gravar *v.* engrave, register
gravata *f.* necktie
grave *adj.* serious
gravidez *f.* pregnancy
grego *adj.* Greek
gringo *m.* foreigner, especially North American
gritar *v.* shout
grito *m.* shout
grosseria *f.* grossness, rudeness
grosso *adj.* great, thick

grupo *m.* group
guarda *f. and m.* guard, watchman
guardar *v.* guard, keep
guerra *f.* war
guerrear *v.* fight

hábil *adj.* apt, clever
hábito *m.* habit, use
habitual *adj.* ordinary
harmonia *f.* harmony
hecatombe *f.* human or animal sacrifice
heliotrópio *m.* heliotrope
hematoma *m.* bruise
hemograma *m.* blood test
herança *f.* inheritance, heritage
herdar *v.* inherit
herói *m.* hero
heroína *f.* heroine
hierarquia *f.* hierarchy
hipertensão *f.* hypertension
hipertenso *adj.* having high blood pressure
hipótese *f.* hypothesis
história *f.* history, story
historiador *m.* historian
histórico *adj.* historic(al)
hoje *adv.* today
Holanda *f.* Holland
homem *m.* man
homenagem *f.* homage, respect
honorários *m. pl.* fee, remuneration
honra *f.* honor
honrar *v.* respect, believe in
honroso *adj.* honorable
hora *f.* hour
horário *m.* timetable
horroroso *adj.* horrible
hospedar *v.* lodge
hospital *m.* hospital
hotel *m.* hotel
human *adj.* human
humanidade *f.* mankind
humanitário *adj.* humanitarian
humano *adj.* human, merciful
humilde *adj.* humble, poor
humilhante *adj.* degrading
humor *m.* humor

idade *f.* age
ideal *m.* ideal
idéia *f.* idea
identidade *f.* identity
identificação *f.* identification

identificar *v.* identify
identificável *adj.* identifiable
idioma *m.* language
idiossincrasia *f.* idiosyncrasy
ignorante *adj.* ignorant, unschooled
ignorar *v.* be ignorant of, ignore
igreja *f.* church
igual *adj.* equal
igualar *v.* be equal to, liken
ilícito *adj.* illicit
iludir *v.* trick, mystify
iluminação *f.* illumination
ilustrar *v.* illustrate
ilustre *adj.* illustrious
imagem *f.* image, statue
imaginar *v.* imagine
imbróglio *m.* confusion
imediato *adj.* immediate
imenso *adj.* huge
imitação *f.* imitation
imitar *v.* imitate, copy
imortal *adj.* immortal
impacientar *v.* grow impatient
impecável *adj.* spotless
impedir *v.* hinder
imperial *adj.* imperial
imperscrutável *adj.* inscrutable
implicação *f.* implication
implorar *v.* beseech
impor *v.* impose
importância *f.* importance
importante *adj.* important
importar *v.* import
impossível *adj.* impossible
imprensa *f.* press
impressão *f.* impression
impressionar *v.* impress
inacabado *adj.* incomplete
incerteza *f.* uncertainty
incerto *adj.* uncertain
incipiente *adj.* incipient
incisão *f.* cutting
incivil *adj.* incivil, rude
inclassificável *adj.* unclassifiable
incluir *v.* include
inclusive *adv.* including, inclusively
incomensurável *adj.* vast
incomodar *v.* trouble, annoy
incômodo *adj.* inconvenient
incompatibilidade *f.* incompatibility
incompatível *adj.* incompatible
incompetência *m.* incompetence

incompleto *adj.* incomplete
incompreensível *adj.* incomprehensible
inconcretizável *adj.* unrealizable
inconfundível *adj.* unmistakable, distinctive
incorreto *adj.* incorrect
incrementar *v.* jazz up, trim
incrível *adj.* incredible
incumbência *f.* duty
incurável *adj.* incurable
incursão *f.* foray, attack
independente *adj.* independent
indevido *adj.* improper, undue, unjust
indez *m.* nest-egg
indicação *f.* indication
indicar *v.* indicate
índice *m.* index, rate
indiferença *f.* indifference
indiferente *adj.* indifferent
indígena *adj.* native
indigente *adj.* needy; *f., m.* street person
índio *adj.* Indian
indispensável *adj.* indispensable
individualidade *f.* identity, personality
individualizar *v.* identify
indo-européia *adj.* Indo-European
indústria *f.* industry
industrial *f., m.* manufacturer
industrialização *f.* industrialization
inerente *adj.* inherent
inesgotável *adj.* inexhaustible, copious
inesperado *adj.* sudden, surprising, accidental
inesquecível *adj.* unforgettable
inexistente *adj.* nonexistent
inexperiente *adj.* inexperienced
infamar *v.* malign
infância *f.* childhood
infantaria *f.* infantry
infecção *f.* infection
infeliz *adj.* unhappy
inferioridade *f.* inferiority
inferir *v.* infer, conclude
inflação *f.* inflation
influência *f.* influence
informação *(pl.* **informações)** *f.* information
informar *v.* inform
informe *m.* information, advice, report
ingênuo *adj.* simple, untroubled
inglês *adj.* English
inicial *f.* initial
iniciar *v.* begin
início *m.* beginning
inimigo *m.* enemy

injustiça *f.* injustice
injustiçar *v.* do harm or wrong
inocente *adj.* innocent
inócuo *adj.* harmless, useless
inquietação *f.* anxiety
insatisfação *f.* dissatisfaction
insegurança *f.* insecurity
insensibilidade *f.* insensibility
insistência *f.* insistence
insistir *v.* insist on, persevere
inspirar *v.* inspire
instaurar *v.* renew, establish
instituição *f.* institution
instrumento *m.* means, medium
insultar *v.* insult
intacto *adj.* entire, unspoiled
integrar *v.* integrate
inteiro *adj.* entire, perfect
inteligência *f.* intelligence
inteligente *adj.* intelligent
intempestivo *adj.* untimely
intenção *f.* intention
intensificar *v.* intensify
intenso *adj.* intense
interessar *v.* interest
interesse *m.* interest
interferência *f.* interference
interior *m.* interior
intermitente *adj.* intermittent
internacional *adj.* international
internar *v.* confine
interno *adj.* internal
interpretar *v.* interpret, understand
intervir *v.* take part in, interfere
intimidade *f.* intimacy
íntimo *adj.* intimate, close
intitular *v.* entitle
intranquilidade *f.* uneasiness
intranqüilo *adj.* uneasy
intrusão *f.* intrusion
intuito *m.* design, plan
inúmero *adj.* countless
inundação *f.* flood
inundar *v.* flood
inútil *adj.* useless, unnecessary
invasão *f.* invasion
inventar *v.* invent
inventor *m.* inventor
inverno *m.* winter
irmão *m.* brother
irracional *adj.* irrational
irrecusável *adj.* undeniable, unobjectionable

irreprimível *adj.* uncontrollable
irresponsável *adj.* irresponsible
irromper *v.* break out
italiano *adj.* Italian

já *adv.* now, already
jacuba *f.* Brazilian rum drink
jamais *adv.* never
janeiro *m.* January
janela *f.* window
jantar *m.* dinner
Japão *m.* Japan
jararaca *f.* venomous snake, spiteful woman
jardim *m.* garden
jazer *v.* lie, be stretched out
jazigo *m.* tomb, shelter
jeito *m.* knack, trick, skill, way; sem —
  uncertain what to do
jeitoso *adj.* handy, apt
jejuno *adj.* naive, ignorant
jogar *v.* play, throw
jogo *m.* game; Jogo da Bola soccer
jóia *f.* jewel, gem
jornal *m.* newspaper
jornalista *f., m.* journalist
jorrar *v.* gush
joven *adj.* young
julgamento *m.* judgment, opinion
julgar *v.* judge, think
julho *m.* July
junto *adj.* joined, together; — a *adv.* close to
jurar *v.* swear, take an oath
justamente *adv.* exactly
justaposição *f.* juxtaposition
justiça *f.* justice, right
justificar *v.* justify
justo *adj.* fair

lá *adv.* there
laborioso *adj.* laborious, hardworking
ladeira *f.* hillside, slope, steep street
lado *m.* direction, side
lago *m.* lake, lagoon
Lagos *m.* Lagos
lamentar *v.* lament
lançamento *m.* launching, appearance
lança-perfume *m.* Carnaval perfume spraybottle
lar *m.* hearth, home
latim *m.* Latin
latino *adj.* Latin
latir *v.* bark
lavagem *f.* washing

lavar *v.* wash
legislação *f.* legislation
legislatura *f.* legislature
legítimo *adj.* legitimate, true, genuine
légua *f.* league
lei *f.* law
leigo *adj.* lay, secular
leite *m.* milk
leitor *m.* reader
lembrança *f.* souvenir
lembrar *v.* remember
lenhador *m.* forester
ler *v.* read
letra *f.* letter; *f. pl.* culture, arts
levantar *v.* raise, rise
levar *v.* bring, take, lead
leve *adj.* light
leviano *adj.* inconsiderate, frivolous
liberdade *f.* liberty
libertar *v.* set free
licença *f.* licence, permission
liderança *f.* leadership
liga *f.* league, alliance
ligação *f.* connection
ligar *v.* connect
ligeiro *adj.* slight
lima-de-cheiro *f.* ball of perfumed water, thrown
  during Carnaval
limitação *f.* limitation
limite *m.* limit, boundary
limpar (*pp.* limpo) *v.* clean
limpeza *f.* cleaning, cleanliness
limpo *adj.* clean
linchar *v.* lynch
lindo *adj.* fine, fair, pretty
língua *f.* tongue, language
linguagem *f.* language
língua-mãe *f.* mother-tongue
linha *f.* line, thread
líquido *adj.* liquid
lirismo *m.* lyricism
listra *f.* stripe
literário *adj.* literary
literatura *f.* literature
litoral *m.* coast
livre *adj.* free
livro *m.* book
local *adj.* local; *m.* place
localização *f.* location
localizar *v.* locate, be
lógica *f.* logic
logo *adv.* soon, presently

logradouro *m.* public park
lograr *v.* succeed, trick
loja *f.* store
londrino *m.* Londoner
longe *adv.* far
longo *adj.* long
louco *adj.* crazy, mad
loucura *f.* madness
louro *adj.* yellow, blonde
lua *f.* moon
luar *m.* moonlight
lugar *m.* place, space
lugarejo *m.* hamlet
luminária *f.* lamp
lustroso *adj.* polished, shiny
luta *f.* struggle
luxo *m.* luxury
luz *f.* light

maçã *f.* apple
macheza *f.* manliness, macho quality
mãe *f.* mother
magro *adj.* lean, thin
maio *m.* May
maior *comp. of* **grande**
maioria *f.* majority
mais *adv.* more
mal *adv.* scarcely, poorly
maldizer *v.* curse
maleabilidade *f.* flexibility
malefício *m.* witchcraft, spell, misdeed
maluquice *f.* madness, foolishness, caprice
mamãe *f.* mother, mommy
mamar *v.* nurse, suckle
manchete *f.* headline
mandar *v.* send, order
maneira *f.* manner
mania *f.* mania, madness
manifestação *f.* manifestation
manifestar *v.* show
manter *v.* maintain
manutenção *f.* maintenance
mão *f.* hand
máquina *f.* machine
mar *m.* sea, ocean
maravilha *f.* marvel, wonder
maravilhoso *adj.* wonderful
marca *f.* mark, token, brand
marcar *v.* mark
março *m.* March
marfim *m.* ivory
margem *f.* margin, border

marginalizar *v.* marginalize, push to one side
marido *m.* husband
marinho *adj.* marine, navy
mármore *m.* marble
mas *conj.* but, however
massa *f.* mass
massapê *m.* black fertile soil
massificado *adj.* mass
mata *f.* wood, thicket
matador *m.* killer, murderer
matemática *f.* mathematics
matéria *f.* matter
material *adj.* material
matiz *m.* shading, gradation
matriz *f.* mother tongue, mother church, origin, mold
mau *adj. m.* bad
máximo *adj.* maximum
meada *f.* plot, intrigue
mecânico *adj.* mechanical, automatic
meco *m.* fellow, chap
medicina *f.* medicine
médico *adj.* medical *m.* doctor
medida *f.* means, measure
médio *adj.* middle, average
mediocridade *f.* mediocrity
medir *v.* measure
meditação *f.* meditation
medo *m.* fear
meio *adj.* half, middle; *adv.* halfway, somewhat; *m.* means; **por —** by means
meio-dia *m.* midday
meios cultos *m.* cultivated circles
melhor *comp. of* **bem, bom**
melhoramento *m.* improvement, repair
melhorar *v.* improve
membro *m.* member
memória *f.* memory, memoir
mencionar *v.* mention
mendicância *f.* begging
mendigo *m.* beggar
menina *f.* girl
menina-moça *f.* teen-age girl
menino *m.* boy, child
menos *adv.* less
mensagem *f.* message
mensal *adj.* monthly
mente *f.* mind
mercado *m.* market
merecer *v.* deserve
mergulhar *v.* dive
mérito *m.* merit; **entrar no —** go into the merits

mero *adj*. mere, plain
mês *m*. month
mesmo *adj*. same, equal; *adv*. even
mesquinho *m*. stingy person
mestre *m*. master
metade *f*. half, middle
metal *m*. metal
metálico *adj*. metallic
meter *v*. put, place
metragem *f*. length (in meters)
metro *m*. meter; Metrô subway
metrópole *f*. metropolis
metropolitano *adj*. metropolitan
mexer *v*. rifle, meddle
mídia *f*. media
mil *num*. thousand
milagre *m*. miracle
milhar *m*. thousand
militante *adj*. militant
mineiro *adj*. of Minas Gerais
minerar *v*. mine, work in mines
mínima *f*. minim
mínimo *adj*. least; *m*. minimum
minorar *v*. lessen, diminish
minucioso *adj*. detailed
minuto *m*. minute
miosótis *f*. forget-me-not
mira *f*. sight
mirim *adj*. small
miséria *f*. misery
mister *m*. want, need
mistério *m*. mystery
mistura *f*. mixture
mito *m*. myth
miúdo *adj*. small, slight, tricky
moça *f*. girl
moda *f*. fashion, style
modelo *m*. pattern
modernização *f*. modernization
moderno *adj*. modern
modificar *v*. modify
modo *m*. way
moeda *f*. coin
moita *f*. thicket, coppice
mole *adj*. soft
molengão *m*. lazybones
momento *m*. moment
momesco *adj*. of Carnaval
monetário *adj*. monetary
montagem *f*. installation
montanha *f*. mountain
montão *m*. heap, mass

monte *m*. hill, pile
monumental *adj*. monumental
monumento *m*. monument
morada *f*. dwelling place
moral *f*. ethics
moralidade *f*. morality
moralista *f*., *m*. moralist
morar *v*. live
moratória *f*. moratorium
morfológico *adj*. morphological
morfosintático *adj*. morphosyntactic
morrer (*pp*. **morrido** with **ter**, otherwise
　morto) *v*. die
mortal *adj*. life-threatening, mortal
morte *f*. death
morto *adj*. dead, dormant
Morus *name* (St. Thomas) More
mosaico *m*. mosaic
mostrar *v*. show
motivo *m*. motive, reason
motorista *f*., *m*. driver
mourisco *adj*. Moorish
móveis *m*. *pl*. furniture
mover *v*. move
movimentar *v*. move
movimento *m*. activity
mudança *f*. change
mudo *adj*. mute
muito *adj*., *adv*., *pron*. much, many
mulher *f*. woman
multidão *f*. multitude
multisecular *adj*. multisecular, widespread
mundo *m*. world
município *m*. municipality
murmúrio *m*. murmur, buzzing
musa *f*. muse
museu *m*. museum
música *f*. music
mútuo *adj*. mutual, reciprocal

nacional *adj*. national
nada *m*. nothing, trifle
nadar *v*. swim
namoro *m*. courtship, sweetheart
narrar *v*. narrate, relate
nascente *f*. source (of river)
nascer *v*. (*pp*. **nascido, nato**) be born, begin
nascimento *m*. birth, origin
natalino *adj*. of Christmas
natural *adj*. natural
naufragar *v*. shipwreck
né *contr*. of **não é?**

necessário *adj.* necessary
necessidade *f.* necessity
negativo *adj.* negative
negócio *m.* trick, business
negro *adj.* black, dark
nem *conj.* nor, neither
nenhum *adj.* no, none
neolatino *m.* speaker of a Romance language
nervoso *adj.* nervous
neurovegetativo *adj.* neurovegetative
ninguém *pron.* no one
nítido *adj.* clear, bright
nó *m.* knot, node
noite *f.* night
nome *m.* noun, name
nominal *adj.* of a noun
Nordeste *m.* northeast of Brazil
nordestino *adj.* of the northeast of Brazil
norma *f.* rule, standard, norm
norte *m.* north
norte-americano *adj.* North American
nota *f.* note, bill
notadamente *adv.* especially
notado *adj.* notable
notar *v.* note
notícia *f.* news (usually plural)
noturno *adj.* nocturnal, nightly
novamente *adv.* again
novela *f.* soap opera
novidade *f.* novelty, newness
novo *adj.* new; **Nova Iorque** New York
nu *adj.* naked, bare
número *m.* number
numeroso *adj.* numerous
nunca *adv.* never
núpcias *f. pl.* marriage
nuvem *f.* cloud, crowd

objetivo *m.* purpose
obra *f.* work, labor
obrigação *f.* obligation
obrigar *v.* oblige, compel
observação *f.* observation
observador *m.* observer
obter *v.* obtain, attain, get
ocasião *f.* occasion
ocasional *adj.* occasional
ocidental *adj.* western
ocorrer *v.* occur
ocultar (*pp.* oculto) *v.* hide
ocupar *v.* occupy, hold

odiar *v.* hate
odor *m.* aroma, fragrance
ofender *v.* offend
oferecer *v.* offer
oficial *adj.* official; *m.* legal rate of exchange
ofício *m.* office, function
oitão, outão *m.* side wall of a building
oito *num.* eight
oitocentos *num.* eight hundred
olá *interj.* hello, hey
olhar *v.* look at, esteem
olho *m.* eye
olindense *adj.* of Olinda
ombro *m.* shoulder
omissão *f.* omission
onde *adv., pron.* where
ônibus *m.* bus
ontem *adv.* yesterday
operador *m.* operator
operar *v.* operate
operário *m.* workman, laborer
operário-salário-mínimo *m.* minimum-wage worker
opinar *v.* think, judge
opinião *f.* opinion
oportunidade *f.* occasion
oportuno *adj.* timely
opúsculo *m.* pamphlet
ora *adv.* now, sometimes
ordem *f.* order
orelha *f.* ear
organismo *m.* organism
organização *f.* organization
órgão *m.* organ
orgulhar *v.* be proud
orgulho *m.* pride
orientar *v.* orient, guide
origem *f.* origin, family
original *adj.* original
originalidade *f.* originality
ossada *f.* skeleton, carcass
otimista *adj.* optimistic
otorrino *m.* ear-nose-throat doctor
otorrinolaringologia *f.* otorhinolaryngology
ou *conj.* or, either
ouro *m.* gold
outro *adj., pron.* other
outrora *adv.* formerly
ouvido *m.* ear
ouvir *v.* hear
ovo *m.* egg

Glossary

pacote *m.* package, packet
padrão *m.* standard, pattern
padre *m.* priest, father
pagar (*pp.* pago) *v.* pay
página *f.* page
pai *m.* father
pais *m. pl.* parents
país *m.* nation
paisagem *f.* landscape
paixão *f.* passion
palavra *f.* word
palco *m.* stage
palhaço *m.* clown
paliativo *adj.* palliative
panela *f.* cooking pot
pantera *f.* panther
papagaio *m.* parrot, kite, bank loan
papel *m.* paper, role
papelada *f.* papers, paperwork
par *m.* pair
parabéns *m. pl.* congratulations
parafernália *f.* paraphernalia
paraibano *adj.* of Paraíba
paralelo *adj.* parallel; *m.* parallel or black-
    market rate of exchange
paranaense *adj.* of Paraná
parar *v.* stop
parcela *f.* part
parcial *adj.* partial
parecer *v.* seem, appear
parede *f.* wall
parente *m.* kin, people
parte *f.* part
participante *m.* companion
particípio *m.* participle
particular *adj.* private, specific
partidário *m.* adherent
partir *v.* depart, stem from
parto *m.* childbirth, delivery
passado *m.* the past, time past
passageiro *m.* passenger
passagem *f.* fare, passage
passaporte *m.* passport
passar *v.* pass, become, start; — a ser become;
    — a vista glance (at); — por pass for; —
    lse happen
passarela *f.* fashion runway
pássaro *m.* bird
passeata *f.* public parade
passeio *m.* outing, stroll
passo *m.* step
patacudo *adj.* rich, "loaded"

patavina *f.* nothing
pateta *f. and m.* blockhead, oaf
patético *adj.* pathetic
pátio *m.* patio, courtyard
pátria *f.* fatherland
patrimônio *m.* endowment, heritage
pau-da-cumeira *m.* ridgepole
paz *f.* peace
pé *m.* foot
peculiar *adj.* peculiar
pedaço *m.* piece
pedestre *adj.* pedestrian
pedido *m.* request, order
pedir *v.* ask, call for
pedra *f.* stone, gravel
pegar *v.* pick up
peito *m.* chest
peixe *m.* fish
pena *f.* fine, punishment, feather
penal *adj.* penal, subject to punishment
pendurar *v.* hang
penetrar *v.* penetrate
penoso *adj.* laborious, painful
pensamento *m.* thought
pensar *v.* think
pequeno *adj.* small
perante *prep.* before
perceber *v.* understand, see
perda *f.* loss
perder *v.* lose
perfeito *adj.* perfect
perfil *m.* profile
perfumar *v.* perfume, scent
perfumoso *adj.* perfumed
pergunta *f.* question
perguntar *v.* ask
perigo *m.* danger, risk
período *m.* period
peripécia *f.* unexpected event
perito *m.* expert, specialist, connoisseur
permanência *f.* stay
permanente *adj.* permanent
permitir *v.* permit
pernambucano *adj.* of Pernambuco
perpetuar *v.* perpetuate
perpetuidade *f.* perpetuity
perplexidade *f.* perplexity
persa *indecl. adj.* Persian
perscrutar *v.* scrutinize
perseguir *v.* pursue
personagem *f., m.* character, eminent person
perspectiva *f.* perspective

pertencer v. belong to, concern
pertinaz adj. persistent
perto adv. near
perturbar v. disturb
pesar v. weigh
pesca f. fishing, fishery
pescoço m. neck
peso m. weight
pesquisador m. researcher
pessoa f. person
pessoal adj. personal; m. personnel, crew
piada f. joke
piloto m. pilot
pintar v. paint
pintura f. painting
pior comp. of mal, mau worse
pirata f., m. pirate
pisada f. footprint, trace
piscar v. wink, twinkle
piscina f. swimming pool
piso m. floor
pistoleiro m. bandit, gunman
pivete m. child thief, juvenile delinquent
planejamento m. planning
planejar v. plan
planta f. plant, plan, sole of the foot
plantar v. plant
plaquinha f. dog-license tag
Platão name Plato
plebeu adj. plebeian, vulgar
plenário m. meeting, session
pleno adj. full; em — X in the midst of X
pneu adj. contr. of pneumático pneumatic,
    inflated; m. tire
pobre adj. poor, unhappy
pobreza f. poverty
poça f. puddle
poço m. well
poder v. be able
poderoso adj. powerful, rich, excellent
poeira f. dust
poesia f. poetry
poético adj. poetic
pois conj. for, because, thus, since; — bem
    well,...
polegar m. thumb
polícia f. police force; m. policeman
policial adj. of the police
política f. politics, policy
político adj. political
polo m. center
ponderação f. deliberation, consideration

ponte f. bridge, bypass
ponto m. point, stop
população f. population
popular adj. popular, familiar
pôr (pp. posto) v. put
porém conj. but, however
pornochanchada f. soft porn, porno plays
porquê m. reason, cause
porta f. door
porta-bagagem m. luggage rack or carrier,
    baggage check
portanto conj. so, therefore
portão m. entrance, gateway
português adj. Portuguese
posição f. position
pós-parto adj. post-partum
possibilidade f. possibility
possível adj. possible
possuir v. possess
postal adj. postal; m. postcard
postar v. post, station
posteridade f. posterity
posto m. post, position
postura f. position
potável adj. drinkable
potência f. power
pouco adj., adv. little
pouso m. rest, resting place
povo m. people
povoar v. populate
pra, prá contr. of para
praça f. square, market
praia f. beach
prata f. silver
prática f. practice
praticar v. practice
praticidade f. practicality
prático adj. practical
prazo m. span of time, space, installment
precipitação f. hasty action
precipitar v. act without thinking, hurry
precisão f. precision
precisar v. need, compel
preciso adj. necessary, precise
preço m. price, worth
preconceito m. bias, superstition
predileto adj. favorite
prédio m. building
prefeito m. prefect, mayor, chief magistrate
prefeitura f. prefecture, district, city hall
preferência f. preference
preferir v. prefer

prejudicar v. damage
preocupação f. worry
preparar v. prepare
preparo m. preparation, education, ability
presenciar v. be present at, witness
presente m. present
presentear v. present
presidência f. presidency
presidente f. and m. president
preso adj. captive
pressão f. pressure
prestação f. installment, loan
prestar v. render, aid
prestígio m. prestige
pretender v. intend
pretensão f. pretense
pretenso adj. presumed
prevalecer v. prevail
prevenção f. prevention
prevenir v. prevent
prévio adj. previous, prior
prezar v. esteem
primacial adj. primary
primeiro adj. first
principal adj. principal
prioritariamente adv. primarily
prisão f. imprisonment
prisma m. viewpoint, bias
privado adj. private, deprived
privativo adj. private
privilégio m. privilege, right
pro contr. of para o
pró prep. pro, in favor of
problema m. problem
procedência f. origin
proceder v. proceed, conduct
processar v. process, work
processo m. process, trial
proclamar v. proclaim, promulgate
procurar v. look for, try
pródigo adj. prodigal
produção f. production
produzir v. produce
proeza f. feat, exploit
professor m. teacher, professor
profeta m. prophet
profilaxia f. prevention
profissão f. profession
profissional adj. professional
profundeza f. depth
profundo adj. profound, complete, intense
profusão f. abundance

programar v. program
proibição f. prohibition
proibir v. prohibit
projeto m. project, plan
promessa f. vow, pledge
promissória f. promissory note
promover v. promote
pronome m. pronoun
prontificar v. prepare; — -se offer, volunteer
propaganda f. propaganda, advertising
propalar v. divulge, let out
propósito m. purpose, topic; a — by the way
propriedade f. property
proprietário m. proprietor, owner
próprio adj. private, correct
pros contr. of para os
prosa f. prose
prosseguir v. follow, proceed
protagonista f., m. protagonist, leader
proteção f. protection
protestar v. protest, assure
protesto m. protest
provar v. prove
provável adj. probable, provable
providenciar v. arrange, prepare
providências f. pl. measures taken
provisório adj. temporary
provocar v. provoke, cause
proximidade f. vicinity
próximo adj. near
psicológico adj. psychological
psiquiátrico adj. psychiatric
publicar v. publish
público adj. public; m. audience
pular v. leap
pulga f. flea
pulso m. pulse, wrist
puro adj. pure, clean
puxar v. pull, result in, start up

quadrado adj. square
quadrante m. quadrant
quadrar v. square
quadrilha f. band, gang
quadro m. square, picture, group, set
qualidade f. quality
qualquer adj., pron. any, whatever, anyone
quando adv., conj. when
quantidade f. quantity
quanto pron. how much, how many; — a adv.
  as to
quarenta num. forty

quarta *f.* one-fourth; *abr.* **quarta-feira**
quarta-feira *f.* Wednesday
quarteirão *m.* city block, square
quartel *m.* quarters, barracks
quase *adv.* nearly, almost
quatro *num.* four
quatrocentão *adj.* 400-year-old
quebrar *v.* break, turn, shift
queixa *f.* complaint
querer *v.* want, like, love
questão *f.* question, dispute
quilo *m.* kilogram
quilômetro *m.* kilometer
quina *f.* corner, sharp edge
quintal *m.* backyard

racional *adj.* reasonable
raglã *adj.* raglan (sleeve)
raiva *f.* rabies
rampa *f.* ramp
rancho *m.* ranch
rapaz *m.* boy
rápido *adj.* fast, prompt
raro *adj.* rare
raso *adj.* plain, shallow
razão *f.* reason, cause
real *adj.* actual, true
realidade *f.* reality
realização *f.* realization
realizar *v.* realize, make happen; — -se occur
reaparecer *v.* reappear
reaver *v.* get back, recover
rebelde *adj.* stubborn, unruly
rebuscar *v.* search for again
recado *m.* message, errand
receber *v.* receive, accept
recebimento *m.* receipt
receita *f.* prescription, income, recipe
receitar *v.* prescribe
recente *adj.* new, fresh
recepção *f.* reception
recíproco *adj.* mutual
reclamar *v.* oppose, protest, appeal, reclaim
recomeçar *v.* begin again
reconduzir *v.* return, renew, reelect
reconhecer *v.* recognize, admit
reconstituição *f.* recomposition, reform
reconstrução *f.* reconstruction
recontro *m.* encounter, skirmish
recordar *v.* recall, commemorate
recuperar *v.* recover, regain
recurso *m.* funds, money, resource

recusa *f.* refusal
redação *f.* editorial staff or room, editing
rede *f.* network
redimir *v.* redeem, regain
redondeza *f.* surroundings
redução *f.* reduction
redundar *v.* change into
reduzir *v.* reduce
reembolso *m.* reimbursement, payment
referir *v.* mention, relate
refinar *v.* refine, cultivate
refletir *v.* reflect
reflexão *f.* contemplation
reforçar *v.* reinforce
refrigerante *m.* soft drink
regar *v.* water, irrigate
região *f.* region, place
regimento *m.* regiment
regional *adj.* regional
regionalismo *m.* regionalism
registrar *v.* register
regra *f.* rule
regular *adj.* regular
rei *m.* king
relação *f.* relation
relacionar *v.* relate, connect with, include in
relembrar *v.* remind
relevante *adj.* relevant, appropriate
religioso *adj.* religious
relógio *m.* watch, clock
rematar *v.* complete, conclude
remédio *m.* medicine
remexer *v.* rummage, turn upside down
remoto *adj.* remote, distant
render *v.* render
renegar *v.* deny, disown, change sides
renovar *v.* renew, reappear
reparar *v.* notice
repente *m.* sudden burst, fit
repetir *v.* repeat
repleto *adj.* filled, plump
reposição *f.* replacement
representar *v.* represent
reprodução *f.* reproduction
república *f.* republic
requerer *v.* require
requinte *m.* refinement, affectation
reserva *f.* reserve
residência *f.* residence
residir *v.* reside
resíduo *m.* residue
resignar *v.* resign, give up

resistência *f*. resistance
resistente *adj*. resistant
resistir *v*. resist, endure
resolver *v*. resolve
respeitar *v*. respect
respeitável *adj*. respectable, honorable
respeito *m*. respect
respiração *f*. respiration
responder *v*. answer
responsabilidade *f*. responsibility
resposta *f*. answer
resquício *m*. vestige, remnant
ressaltar *v*. emphasize
ressureição *f*. resurrection
ressurgir *v*. revive, reappear
restar *v*. remain, survive, rest
restauração *f*. restoration
restaurante *m*. restaurant
restaurar *v*. restore
resto *m*. rest, remainder
resultado *m*. result, effect
resultar *v*. result
resumir *v*. abridge, sum up
retalho *m*. scrap, morsel
retenção *f*. retention
retificação *f*. correction
retirar *v*. take out, remove
reto *adj*. straight, right
retomar *v*. get back, resume
retorno *m*. return
retumbar *v*. resound
reunir *v*. join, reunite
revelar *v*. reveal
revirar *v*. turn inside out
revisão *f*. editing, revision
revisor *m*. proofreader
revista *f*. magazine, review
revoada *f*. flying, flight
revólver *m*. revolver
reza *f*. prayer
riacho *m*. small river
rico *adj*. rich
ridículo *adj*. ridiculous
rígido *adj*. rigid
rigoroso *adj*. strict
rinha *f*. cockfighting, cockfighting pit
rinque *f*. arena, rink
riqueza *f*. wealth
rir *v*. laugh
risco *m*. risk
riso *m*. laughter
rítmico *adj*. rhythmic

RNA *abr*. ribonucleic acid
rodear *v*. encompass
rodoviário *adj*. of highways; estação
    rodoviária *f*. bus station
romance *m*. romance, story
românico *adj*. Romance
rosa *f*. rose
rosário *m*. rosary
rosto *m*. face
rotativo *adj*. revolving
roubar *v*. rob
roupa *f*. clothing
roxo-acinzentado *adj*. purple-ashen
rua *f*. street
rubro *adj*. red, ruddy
rugoso *adj*. rough
ruim *adj*. mean, bad, wicked
russo *adj*. Russian

sabedoria *f*. wisdom, discretion
saber *v*. know (how)
sabiá *m*. song thrush
sacerdócio *m*. priesthood
sacola *f*. bag
sacrifício *m*. sacrifice
sacristia *f*. sacristy
sádico *adj*. sadistic
safena *f*. leg vein; ponte de — coronary bypass
sair *v*. go or get out
sala *f*. room
salão *m*. room, salon
salário *m*. wages, pay
saldo *m*. payment, balance
salientar *v*. point out, insist
salobro *adj*. salty, brackish
saltar *v*. get off, jump
salvar (*pp*. salvo) *v*. save
sanduíche *m*. sandwich
sangrar *v*. bleed
sangrento *adj*. bloody
sangue *m*. blood
sanitário *m*. washroom
santamarense *adj*. of Santo Amaro
santo *adj*. sacred, holy; *m*. saint
são *m*. saint
sapato *m*. shoe
satélite *m*. satellite
satisfação *f*. satisfaction
satisfazer *v*. satisfy, please
saturar *v*. saturate
saudação *f*. greeting
saudável *adj*. healthy

saúde f. health
seca f. drought
secreção f. secretion
secularização f. secularization
século m. century, generation
sede f. seat, headquarters
seguinte adj. following
seguir v. follow
segundo adj. second; prep. according to
segurança f. security
seguro adj. safe
seio m. breast
seiscentos num. six hundred
seleção f. selection
selva f. forest, jungle
semáforo m. signal
semana f. week
semelhante adj. like, alike
sempre adv. always
senão conj. else; prep. except, but
senhor m. master, man; o — sir, you
senhora f. lady, woman
sensação f. sensation
sensibilidade f. faculty, sensibility
sensibilizar v. make aware of
sensível adj. tender, touchy
senso m. sense, judgment
sentar v. sit
sentido m. sense
sentimento m. feeling
sentir v. feel, regret, suffer
separar v. separate
sepultar v. hide, bury
seqüência f. sequence, sequel
sequer adv. even, hardly, at least
ser v. be
série f. series
seriedade f. seriousness
seringa f. syringe
sério adj. serious
serviço m. service, system
servidor adj. in the service of
servir v. serve
sessenta num. sixty
setenta num. seventy
setor m. sector
seu colloq. for senhor
sexo m. sex
sexual adj. sexual
significado m. meaning
significar v. signify
significativo adj. meaningful

silêncio m. silence
silhueta f. silhouette
sim adv. yes, thus
similar adj. like, homogeneous
simpatia f. affection
simpático adj. friendly, attractive
simples adj. simple, clear
sinal m. sign, token
sincero adj. open, frank
síndico m. superintendent
singular adj. remarkable
singularidade f. peculiarity
sinônimo m. synonym
sintático adj. syntactic
sintético adj. synthetic
sintetismo m. synthetic nature
sintoma m. symptom
sintonizar v. tune in, pick up
sistema m. system
situação f. situation
situar v. place, establish
slogan m. slogan
só adj. alone, lonely, single; adv. only
soar v. sound
sob prep. under
sobejar v. be more than enough
soberano adj. sovereign
soberbo adj. superb, proud
sobrado m. two-story house
sobre prep. on, about
sobrenatural adj. supernatural
sobressaltar v. startle
sobretudo adv. above all
sobrinho m. nephew
social adj. social
sociedade f. society
sócio m. member of a group
sócio-religioso adj. socio-religious
sofrer v. suffer, tolerate
sofrimento m. suffering
sol m. sun
soldado m. soldier
solicitar v. request
solidão f. solitude, loneliness
solidário adj. common, mutual
solidificar v. set, harden
soltar (pp. solto) v. release
solteiro m. bachelor
solução f. solution
solucionar v. solve, decide
som m. sound
somente adv. only

sonhar v. dream
sonho m. dream
sono m. sleep, rest
sorrateiro adj. tricky, sly
sorrir v. smile
sorriso m. smile
sorte f. fate, luck
soviético adj. Soviet
sozinho, sòzinho adj. alone, lonely
sr. abr. senhor
status m. status
subalterno m. inferior
subida f. rise
subir v. rise
súbito adj. sudden, unexpected
subordinação f. subordination
subsidiário adj. subsidiary, collateral
subsídio m. subsidy, assistance, contribution
substantivo m. noun, substantive
subterrâneo adj. subterranean
suceder v. succeed, go after
sucesso m. success
suelto m. lead article, editorial
suficiente adj. sufficient
sugador m. blood-sucker
sugerir v. suggest
sugestão f. suggestion
Suiça f. Switzerland
sujar v. soil, defecate
sujeira f. dirt, mess
sujo adj. dirty, soiled
sul adj. south
sulista adj. of southern Brazil
sumário adj. summary, hasty
sumido adj. scarcely audible, muffled
sumir v. disappear
sunga f. man's bathing suit
superar v. overcome, excel
superfície f. surface
superior adj. superior
superpotência f. superpower
supino m. supine (grammar)
suplantar v. replace
supor v. suppose
suportável adj. tolerable
supremacia f. supremacy
surfista f., m. surfer
surgimento m. appearance
surgir (pp. surto) v. appear
surpreendente adj. surprising
surpreender v. (pp. surpreendido, surpreso)
   surprise

surpresa f. surprise
surubi m. Brazilian fish
suscetível adj. susceptible
suspeitar v. suspect
suspeito adj. suspect
suspender (pp. suspenso) v. suspend
suspense m. suspense
susto m. shock, fright
sutil adj. subtle
sutileza f. subtlety
suturar v. suture

tá spoken form of está
tal adj. such; um — de X a certain X
talvez adv. perhaps
tamanho m. size
também adv. also, likewise
tampouco adv. neither
tanto adj. as much, so many; adv. to such a
   degree, in such a way
tão adv. so, as
tarde adv. late; f. afternoon, evening
tardio adj. tardy
tarefa f. work, duty
tarol m. small drum
tato m. tact, sensibility
taumaturgo m. miracle-worker
tava spoken form of estava
táxi m. taxi
tecido m. fabric
técnico adj. technical
tecnoburocrático adj. technobureaucratic
tecnologia f. technology
telefonar v. telephone
telefone m. phone number
telefonema m. phone call
televisão f. television
tema m. theme
temido adj. frightening
temperamento m. temper(ament)
temperar v. toughen, harden
templo m. temple
tempo m. time, era
temporada f. season, time period
tendência f. bent, drift
tender v. tend, incline
tenente m. lieutenant
tensão f. strain
tentação f. temptation
tentáculo m. tentacle
tentar v. try, attract
tentativa f. effort, temptation

teórico *adj.* theoretical; *m.* theoretician
ter *v.* have, hold, own; — **para si** be convinced
terceiro *adj.* third
terminar *v.* end
ternura *f.* tenderness, love
terra *f.* land, world
terror *m.* dread
tesoura *f.* scissor
tesoureiro *m.* treasurer
tesouro *m.* treasure
teste *m.* test
testemunha *f.* witness
testemunho *m.* testimony
teto *m.* ceiling, shelter
texto *m.* text
tijolo *m.* brick
timão *m.* control, direction
típico *adj.* typical
tipo *m.* type, eccentric person
tirar *v.* remove, draw
titica *f.* dung, worthless thing or person
titular *m.* officeholder
título *m.* heading
tocar *v.* touch, play (an instrument)
toco *m.* trunk, stump, stick
todo *adj.* all
Toinho *abr.* Antônio
tolerar *v.* endure
tolo *adj.* foolish, silly
tomar *v.* take, overwhelm
tonalidade *f.* color, shade
tope *m.* knot, collision, obstacle, size, kind
tornar *v.* become, turn, return; — -**se** become
torto *adj.* crooked
torturar *v.* torture, harass
total *adj.* whole
trabalhar *v.* work
trabalho *m.* work, task
tradição *f.* tradition
tradicional *adj.* traditional
tradução *f.* translation
traduzir *v.* translate
tráfego *m.* traffic
tragédia *f.* tragedy
trágico *adj.* tragic
trair *v.* betray, lead astray
tranqüilizar *v.* reassure, calm
tranquilo, tranqüilo *adj.* calm
transbordar *v.* overflow
transeunte *m.* passer-by
transferir *v.* transfer
transformação *f.* transformation

transformar *v.* transform
trânsito *m.* transit, passage
transplantar *v.* transplant
trapalhão *m.* sad sack
tratamento *m.* treatment
tratar *v.* deal with, handle; — -**se de** concern
trato *m.* treatment
travessa *f.* lane, alley
travessia *f.* crossing, passage
trecho *m.* passage, stretch
tremendo *adj.* awful, tremendous
três *num.* three
trescalar *v.* smell strongly
triste *adj.* sad
triunfante *adj.* triumphant
troça *f.* spree, joke
trocar *v.* change, exchange
troco *m.* change (money)
trompa *f.* Fallopian tube
tropeçar *v.* stumble
trópico *adj.* tropical
tudo *pron.* everything
tumultuar *v.* cause a tumult
túnel *m.* tunnel
turismo *m.* tourism

ufanista *adj.* overly proud, chauvinistic
último *adj.* last
ultraleve *m.* ultralight plane
ultramoderno *adj.* ultramodern
ultrapassar *v.* exceed, pass
umbilical *adj.* umbilical
unânime *adj.* unanimous
união *f.* union
único *adj.* single, alone, lonely
unir *v.* unite, join
universalidade *f.* universality
universidade *f.* university
universitário *adj.* of a university
urbanização *f.* urbanization
urbano *adj.* urban
urgência *f.* urgency
urgente *adj.* urgent
usar *v.* use
uso *m.* use
usuário *m.* user
uterino *adj.* uterine
útero *m.* uterus
utilizar *v.* utilize, use
utopia *m.* utopia
utópico *adj.* utopian
utopistas *m.* utopian

vacinar *v.* vaccinate
vadiagem *f.* vagrancy
vadio *adj.* idle
vaga *f.* vacancy
vagalume *m.* glowworm
vaginal *adj.* vaginal
vaia *f.* jeer, scoff
vaiar *v.* jeer, scoff
valer *v.* be worth
valor *m.* value, worth
vandalismo *m.* vandalism
vantagem *f.* advantage
varanda *f.* balcony, terrace
varar *v.* pierce
variação *f.* variation
variante *adj.* variant
variar *v.* vary, change
variedade *f.* variety
vário *adj.* various
vasilha *f.* vessel, barrel
veemência *f.* intensity, eagerness
veículo *m.* vehicle
velar *v.* veil, hide
velho *adj.* old
veloz *adj.* speedy, active
vencer *v.* defeat, master
venda *f.* sale
vendedor *m.* seller
venerável *adj.* revered
veneta *f.* fancy, whim
ver (*pp.* visto) *v.* see
veraniego *adj.* summertime
verão (*pl.* verões) *m.* summer
verbal *adj.* verbal
verbo *m.* verb, word
verbo-nominal *adj.* of nominalized verbs
　(including participles)
verdade *f.* truth
verdadeiro *adj.* actual, true
verde *adj.* green
vereador *m.* alderman
vereança *f.* office of city councilman
vergonha *f.* shame
verificar *v.* verify, examine; — -se prove true,
　take place
vermelho *adj.* red
vernáculo *adj.* native, regional, national,
　(linguistically) pure
vespertino *adj.* of the afternoon or evening
vestir *v.* dress; — -se dress
vexame *m.* trouble, shame

vez *f.* time
via *f.* street, way
viagem *f.* trip, travel
vício *m.* vice
vida *f.* living, life
vídeo *m.* videotape
vidro *m.* glass
vigário *m.* vicar
vila *f.* small town
vinculação *f.* link
vinte *num.* twenty
violência *f.* violence
violento *adj.* powerful
vir (*pp.* vindo) *v.* come
virar *v.* become, turn
virtude *f.* virtue, merit
visão *f.* vision
visar *v.* aim at, seek
vis-a-vis *Frn.* face-to-face
visita *f.* visit
visitar *v.* visit
visível *adj.* visible
vista *f.* sight
visual *adj.* visual
vítima *f.* victim
vitral *m.* stained-glass window
vitrine *Frn.* display window
viver *v.* live, experience, nourish
vivo *adj.* live, alive
vizinhança *f.* neighborhood
vizinho *m.* neighbor
voar *v.* fly
vocabular *adj.* of vocabulary
voga *f.* vogue, style
volta *f.* turn, return; em — de around
voltar *v.* return, turn
voluntário *adj.* willing
vontade *f.* will
vôo *m.* flight
voz *f.* voice

Wolks, Wolkswagem *m.* Volkswagen

xingamento *m.* abuse, chiding

zabumba *f.* bass drum
Zé *m. contr. of* José
zelo *m.* zeal
zona *f.* zone
zoófilo *adj.* animal-loving
zunimento *m.* buzzing

Georgetown
410-5166995

207 Lee Roy